AF546108

Storch / Weber
Wolf packt La(h)ma

ZRM-Bibliothek
herausgegeben von Maja Storch

Johannes Storch & Julia Weber

Wolf packt La(h)ma

Wie Sie die Dinge zügig anpacken und konsequent erledigen

Verlag Hans Huber

Programmleitung: Tino Heeg
Lektorat: Dr. Maria Schorpp, Konstanz
Herstellung: Peter E. Wüthrich
Umschlaggestaltung: Claude Borer, Riehen
Illustrationen und Druckvorstufe: Claude Borer, Riehen
Druck und buchbinderische Verarbeitung: Kösel, Altusried-Krugzell
Printed in Germany

Bibliografische Information der Deutschen Nationalbibliothek
Die Deutsche Nationalbibliothek verzeichnet diese Publikation in der Deutschen Nationalbibliografie; detaillierte bibliografische Daten sind im Internet über http://dnb.d-nb.de abrufbar.

Anregungen und Zuschriften bitte an:
verlag@hanshuber.com
www.verlag-hanshuber.com

1. Auflage 2013
(E-Book-ISBN [PDF] 978-3-456-95210-9)
(E-Book-ISBN [EPUB] 978-3-456-75210-5)

ISBN 978-3-456-85210-2

Inhalt

Für Julian und Konstantin,
großen Dank für eure beispielhaften Charaktere.

Von Prokrastination und Aufschieberitis

Wie viele unangenehme Pflichten fallen Ihnen auf Anhieb ein? Aufgaben, die Sie am liebsten abgeben würden, Arbeiten, die Ihnen schon lange im Nacken sitzen und täglich Ihr schlechtes Gewissen von Neuem anstoßen? Regelmäßig wiederkehrende Pflichten wie die Steuererklärung, die Ablage sortieren oder der Gang ins Sportstudio? Unregelmäßige Pflichten wie Kritikgespräche mit Mitarbeitenden, Präsentationen halten oder auf Prüfungen lernen?

Drei? Fünf? Zehn?

Sicher, unangenehme Pflichten haben wir alle, aber wie gehen *Sie* mit ihnen um? Zupackend, kurz entschlossen und fröhlich? Oder lähmen Sie diese Aufgaben, ist Ihnen jede Ablenkung willkommen, ist Ihr auf Hochglanz geputztes Bad eigentlich nur der Tatsache geschuldet, dass auf Ihrem Schreibtisch die Steuererklärung, die Masterarbeit oder die Buchhaltung wartet? Hatten Sie schon Streit mit Ihrem Partner oder Ihrer Partnerin, weil Sie seiner oder ihrer Meinung nach nie in die Hufe kommen, unter Aufschieberitis leiden, antriebslos und willensschwach sind?

Haben Sie sich schon über sich selbst geärgert, sich Bücher zum Thema «Prokrastination», das ist der wissenschaftliche Begriff für die im Volksmund bekannte Aufschieberitis, gekauft und To-do-Listen erstellt und sind doch nicht weitergekommen?

Das Internet ist voll von Foren zum Thema «Unangenehme Pflichten» und «Prokrastination», von Blogs und Selbsthilfegruppen, aber auch von wissenschaftlichen Tests und professionellen Hilfsangeboten. Hier nur ein kleiner Auszug zu diesem Thema.

Es gibt Fragen zu diesem Thema:

- «Kann man damit sich selbst manipulieren, um Disziplin- und Verhaltensprobleme relativ leicht in den Griff zu bekommen? Aufschieben zum Beispiel unangenehmer Pflichten, wie Steuererklärung, Hausaufgaben, Aufräumen, oder unangenehmer Arbeiten? Vielleicht fällt damit auch der Verzicht auf angenehme Dinge (viel essen, Internet, shoppen, ggf. rauchen) leichter, die man wegen Sucht und drohender Nachteile lassen sollte?»
- «Ich setze voraus, dass die ‹einfachen› Ratschläge aus Internet und Ratgeberliteratur oder der Versuch, ‹sich zusammenzunehmen›, wirkungslos sind und dass eine Verhaltensänderung nur durch Manipulation am eigenen Verhalten erfolgen kann, die keinen Kampf gegen den ‹inneren Schweinehund› erfordert – der ist immer der Stärkere!»
- «Bitte keine ‹Ratschläge› der Art ‹Nimm dich zusammen›, ‹Da fehlt der Wille›, ‹Alles in kleine Arbeitsschritte aufteilen›, ‹Sich nach der Arbeit belohnen› usw., das hat alles schon nicht funktioniert!!!»

Es gibt Ratgeber gegen das Aufschieben:

- «Mit tausend anderen ‹wichtigeren› Dingen versuchst du, dich abzulenken, nur um dich nicht an die Aufgabe machen zu müssen. Du redest dir ein, dass die Tätigkeit doch nicht so wichtig sei, dass du auch ‹ohne› gut weiterleben kannst, dass du noch viel Zeit hättest, dass du sie eh nicht bewältigen kannst, dass es jetzt schon zu spät sei, dass du morgen ganz bestimmt anfangen wirst. Du verspürst vielleicht körperliche Symptome wie Unruhe, Anspannung, Magendruck, bist lustlos und müde und hast Schlafstörungen. Dir gehen Gedanken durch den Kopf wie: ‹Ich kann mich nicht aufraffen…›, ‹Es ist zu mühsam›, ‹Es sollte mir leichterfallen›, ‹Was ist, wenn ich andere enttäusche›, ‹Ich mache es perfekt oder gar nicht›.

Es gibt Tipps gegen das Aufschieben:

- Lenke deinen Blick auf das, was du gewinnen könntest.
- Lenke deinen Blick auf die Nachteile des Aufschiebens, mach dir Druck.
- Denke dir eine Belohnung aus.
- Unterteile die Tätigkeit in kleine Schritte.
- Suche dir Unterstützung.
- Ersetze den Satz «Ich muss…» durch «Ich entscheide mich dafür…»

Es gibt wissenschaftliche Empfehlungen für Betroffene:

> «Menschen, die unter Prokrastination leiden, empfehlen wir, sich professionelle Unterstützung durch eine Beratungsstelle oder einen psychologischen Psychotherapeuten zu suchen. An dieser Stelle möchten wir Betroffenen jedoch einige Tipps an die Hand geben.

1. Wählen Sie eine konkrete Aufgabe aus, die Sie immer wieder vor sich her schieben.
2. Beobachten Sie sich selbst genau über mehrere Tage. Finden Sie heraus, unter welchen Bedingungen Sie der Aufgabe aus dem Weg gehen und unter welchen Bedingungen Sie sich damit befassen.
3. Definieren Sie möglichst kleine und konkrete Schritte, die in dieser Sache als Nächstes getan werden sollen.
4. Legen Sie pro Tag einen genauen Zeitpunkt, eine klare Zeitspanne und einen konkreten Ort fest, an dem dieser nächste Schritt getan werden soll.
5. Achten Sie darauf, sich nicht von vorneherein mehr vorzunehmen, als Sie schaffen können.
6. Entwickeln Sie Erinnerungshilfen, damit Ihnen diese Gelegenheit nicht durch die Lappen geht.
7. Werten Sie hinterher aus, wie es geklappt hat und welche Schwierigkeiten Sie hatten.
8. Belohnen Sie sich auch für kleine Erfolge.»

Und es gibt immer wieder Resignation:

- «Zitat von Vadouvan: *Dann habe ich ein chinesisches Sprichwort gefunden, das heißt: ‹Selbst der weiteste Weg beginnt mit dem ersten Schritt…›*»

  «Antwort von Jasminblüte: *Hab ich bei mir im Zimmer hängen, hilft aber nicht wirklich…*»

Wir verfolgen in diesem Buch einen völlig neuen Ansatz, abseits von Regeln, Listen und Ratschlägen. Wir werden Sie dabei unterstützen, Ihre ganz persönliche und individuelle Strategie zu entwickeln. Denn nur Sie kennen sich, kennen Ihre Aufgaben, Fallen, Hindernisse und Ihre Umgebung, und deshalb sind auch nur Sie in der Lage, den für Sie richtigen Weg zu finden. Sie werden dabei Unterstützung von uns erhalten, aber vor allem von Ihrem Unbewussten, mit dessen Hilfe Sie sich auf vergnügliche und leichte Art auf Ihren ganz eigenen Weg machen werden, um künftig souverän und motiviert mit Ihren Aufgaben umzugehen.

Der Inhalt dieses Buches beruht auf der Methode des Zürcher Ressourcen Modells (Storch & Krause, 2007), das wir mit Elementen der PSI-Theorie von Julius Kuhl (Kuhl, 2001) kombiniert haben. Das Zürcher Ressourcen Modell ist ein vielfach erprobtes Selbstmanagementtraining, das überall dort angewandt werden kann, wo Menschen lernen wollen, so zu handeln, wie es ihren eigenen Wünschen entspricht. Das Training wurde 1992 von Dr. Maja Storch und Dr. Frank Krause für die Universität Zürich entwickelt und beruht auf aktuellen neurowissenschaftlichen und psychologischen Erkenntnissen. Es wird fortwährend wissenschaftlich auf seine Wirksamkeit in den verschiedensten Bereichen des menschlichen Lebens untersucht. Im ZRM-Training findet die Entwicklung neuer Handlungskompetenzen konsequent ressourcenorientiert statt.

Vorliegendes Buch ist in Anlehnung an eine Studie entstanden, die im Jahr 2011 an der Universität Osnabrück durchgeführt wurde. In dieser Studie konnte die Wirksamkeit der Motto-Ziele für den Umgang mit unangenehmen Pflichten wissenschaftlich belegt werden. Wir werden Sie in diesem Buch dabei begleiten, Ihr ganz individuelles Motto-Ziel zu erarbeiten.

Motto-Ziele sind eine völlig neue Art, Ziele zu formulieren und eine Erfindung des Zürcher Ressourcen Modells. Durch die Methode dieses Buches werden Sie zur Expertin und zum Experten, wenn es um Ihr Arbeitsverhalten geht.

Zur Unterstützung werden Sie von unseren sechs Protagonisten begleitet, die vielleicht ganz ähnliche Probleme mit unangenehmen Pflichten haben wie Sie. Es steht Ihnen frei, das Buch zuerst in einem Rutsch durchzulesen und anschließend in Ruhe durchzuarbeiten oder parallel mit unseren Heldinnen und Helden dem Seminarverlauf zu folgen und die Arbeitsblätter auszufüllen.

Johannes Storch & Julia Weber

God put me on this earth to accomplish a certain number of things. Right now I am so far behind that I will never die.

Bill Waterson

Ein Wolf taucht auf

Die Zeit schien stehen geblieben zu sein. Es war nichts zu hören außer dem entfernten Ticken einer Uhr. Ab und zu bewegten sich die Vorhänge, wenn ein schwacher Luftzug durch das geöffnete Fenster in den Raum strich. Rosenduft ließ sich erahnen, mitgebracht von dem warmen Wind, der durch den üppigen Rosenbusch vor dem Haus wehte. Staubkörner tanzten durch die Sonnenstrahlen, die in das Zimmer fielen.

Eigentlich duldete Evelyne keine Staubkörner in ihrer Wohnung, aber in diesem Moment, von dem sie nicht sagen konnte, wie lange er schon dauerte, waren sie ihr fast wie Freunde. So gern wäre sie jetzt auch ein Staubkorn, das im Sonnenlicht tanzt, bewegt durch die warme aufsteigende Luft, schwerelos, sorglos und frei. Frei von jeder Verpflichtung, von jeder Verantwortung, einfach nur in den Tag hinein leben, leicht und beschwingt, ausgelassen und fröhlich. Wie oft sehnte sie sich nach diesem Zustand.

Insgeheim hoffte sie, dass, wenn sie sich nur nicht bewegte, nur noch ganz flach atmete, die Zeit wirklich stehen bliebe und sie sich in diesem Moment von allen Gedanken befreien könnte, die sie durch den Tag trieben, ihr immer wieder ein schlechtes Gewissen machten, ihr das Gefühl gaben, nicht genug zu arbeiten, ihre Ziele nie zu erreichen, und die sie nie zur Ruhe kommen ließen.

Selbst jetzt in diesen entspannten Minuten konnte Evelyne die friedliche Stille nicht völlig genießen. Sie fürchtete schon den Moment des Erwachens, den Augenblick, in dem sie ihre Aufgabenliste vor sich auf dem Tisch liegen sah, auf dem die Gründe ihres schlechten Gewissens geschrieben standen, all die Aufgaben, die sie sich selbst vorgenommen hatte oder die von ihr erwartet wurden. Wie oft hatte sie schon versucht, Ordnung und Struktur in ihre Listen und ihre Tage zu bringen, wie viele Bücher hat sie schon zu diesem Thema im Regal stehen? Sie wüsste es nicht einmal auswendig, müsste aufstehen und nachzählen, aber dazu war sie jetzt nicht in der Lage. Einfach nur sitzen bleiben, das war ihr sehnlichster Wunsch, nicht bewegen, nichts denken, nichts machen.

Für einige Sekunden gelang ihr das auch, hatte sie Freude daran, die Staubkörner bei ihrem Tanz zu beobachten, vorauszusagen, wohin sie schweben würden, sie, wenn sie auf dem Tisch landeten, durch leichtes Anpusten wieder auf die Reise zu schicken. Aber schon nach wenigen Augenblicken kamen ihr erneut ihre Aufgaben in den Sinn, die Steuererklärung vor allen anderen, die heute Abend noch beim Finanzamt eingeworfen werden müsste, wenn sie die Mahngebühr vermeiden wollte.

Und sie hörte jetzt schon ihren verärgerten Mann, der über ihre Unfähigkeit, irgendetwas pünktlich zu Ende zu bringen, schimpft und ihr vorwirft, den Tag sinnlos zu verbummeln und Wichtiges von Unwichtigem nicht unterscheiden zu können. Sie könnte es ihm noch nicht einmal verdenken. Sie wusste ja selbst, dass sie Probleme damit hatte, ihre Aufgaben anzupacken und am Stück abzuarbeiten.

Ja, ihr Mann, der konnte das, der packte immer alles sofort an. Wenn ihm etwas in den Sinn kam, wenn er etwas in der Zeitung las oder im Fernsehen sah, das ihn interessierte, hatte er schon am nächsten Tag alle wichtigen Informationen darüber gesammelt, und spätestens in der darauffolgenden Woche war er mittendrin in seiner neuen Aufgabe, seiner zehnten Sportart, seinem hundertsten Hobby. Allerdings währte nichts besonders lange bei ihm, verlor das Neue für ihn schnell seinen Reiz. Er hatte nicht ihre Ausdauer, nicht ihre Geduld und vor allem nicht ihre Genauigkeit. Darüber ärgerte sie sich immer wieder, über seine Nachlässigkeit und darüber, dass er schon bei den ersten Schwierigkeiten und Herausforderungen aufgab. Das gab es bei ihr nicht, wenn sie etwas anfing, blieb sie auch über lange Zeit hinweg mit Leidenschaft und der nötigen Hartnäckigkeit dabei. Ja, wenn sie doch bloß mal mit etwas anfinge, anfangen könnte, dann bliebe auch nicht immer so viel liegen, würde ihre Liste endlich kürzer. Aber zurzeit wurden die Posten nur immer mehr und türmten sich wie ein riesiger Berg vor ihr auf, der sie mutlos machte, ihr die letzte Energie für das Anfangen raubte und sie lähmte.

Evelyne schickte die Staubkörner ein letztes Mal auf die Reise. Gleich nachdem sie den Kaffee getrunken und die Zigarette geraucht hätte, würde sie sie auf ihre allerletzte Reise in den Staubsaugerbeutel schicken. Sie stand mit einem Ruck von ihrem Stuhl auf und ging, noch in Gedanken an die letzten Minuten, in die Küche. So werden wie ihr Mann, das wollte sie nun wirklich nicht, er war ihr doch in vielen Dingen zu oberflächlich. Aber vielleicht eine Scheibe von seiner Art, Aufgaben sofort anzupacken, und vielleicht noch ein dünnes Scheibchen von seiner Fähigkeit, fünf grade sein zu lassen, und dann bitte noch ein Zipfelchen von seinem lockeren Umgang mit Misserfolgen und Ärgernissen, das hätte sie schon gern. Und auch nicht immer, nein, nur manchmal hätte sie diese Eigenschaften gern zur Hand, um ihren Alltag elegant und souverän zu bewältigen. Und dann würde sie sich auch den ungeliebten Aufgaben stellen können, ihrem Mann endlich sagen können, dass er seine Ablage gefälligst allein machen soll und der Familiensamstaggroßeinkauf ab sofort wieder seine Sache sei, so wie es ursprünglich verabredet war, bevor sie es ganz allmählich immer öfter ohne ihn gemacht hatte, weil er ja immer so viel zu tun hatte. Dann wären ihr auch die ewigen Vorwürfe und Einmischungen ihrer Mutter egal, der sie nie etwas recht machen konnte, die immer alles besser wusste. Sich ein dickeres Fell zuzulegen und öfter mal Nein zu sagen, damit wäre ihr schon sehr geholfen. Ihre Aufgaben könnte sie dann deutlich entspannter planen, weil ihr mehr Zeit am Stück bliebe, dann wäre auch die Angst, etwas zu vergessen, nicht mehr da, und das gute Gefühl, etwas wegzuschaffen, würde sich hoffentlich endlich einstellen. Die einzige Frage war, wie sie das schaffen könnte, denn obwohl sie sich über ihre Unzulänglichkeiten und ihre wunden Punkte im Klaren war, gelang es ihr nie, sich zu ändern.

Während Evelyne noch ihren Gedanken nachhing, blieb ihr Blick an einer Annonce in der Tageszeitung hängen.

Sekretariat
!! TeilnehmerInnen gesucht !!
«Turning Duty into Joy»
Möchten Sie lernen, unangenehme Pflichten in Freude zu verwandeln? Wollen Sie Ihre Ressourcen aktivieren und optimieren? Sind Sie interessiert Ihre Selbstmanagementfähigkeiten zu verbessern? Wollen Sie Ihren Umgang mit Pflichten, Stress und Druck verändern? Möchten Sie lernen, das zu tun, was Sie wollen?
Dann haben Sie jetzt die einmalige Gelegenheit!
Im Rahmen dieser Studie erhalten Sie ein zweitägiges Seminar zu diesen Themen.
Für Informationen melden Sie sich bitte beim Institut für Selbstmanagement und Motivation in Zürich
Die Platzzahl ist begrenzt!
Leitung

Evelyne las die Annonce mehrmals durch. Es klang verlockend, sie wäre die geeignete Kandidatin. Unangenehme Pflichten hätte sie genug, die Zeit könnte sie sich auch noch freischaufeln, und an einer wissenschaftlichen Studie wollte sie schon immer einmal teilnehmen. Aber würde es ihr wirklich nützen? Während der Seminartage wäre sicher alles toll, die Ratschläge der Trainer einleuchtend und scheinbar mühelos umzusetzen, alle wären euphorisch, jeder würde sein Leben umkrempeln wollen, alles anders machen. Aber was wäre dann zu Hause, im Alltag? Würden die guten Vorhaben nicht schnell wieder verpuffen? Wäre nicht bald wieder alles beim Alten? Hatte sie nicht schon oft versucht, etwas an ihrer Art zu verändern? Durchgehalten hatte sie die neuen Vorsätze nie lange. Auf die Unterstützung durch ihren Mann konnte sie auch nicht hoffen, er meinte immer nur, sie müsse hier gar nichts umkrempeln, sondern einfach spontaner werden, einfach anfangen, dann liefe alles wie von selbst. Das könne ja so schwer nicht sein.

Wenn sie ihm jetzt von dieser Studie erzählen würde, würde er bestimmt wieder die Augen verdrehen. Er war nicht so der wissenschaftliche Typ, sondern Handwerker durch und durch. Wahrscheinlich hatte er ja recht mit seinen Argumenten, auch wenn sie seine besserwisserische Art störte, aber der Erfolg gab ihm recht. Ihm gelang ja all das, was ihr nicht von der Hand gehen wollte.

Nachdem sie die Tasse in den Geschirrspüler gestellt hatte, ging sie mit der Zeitung in der Hand zum Arbeitszimmer, um sie zum Altpapier zu legen. Doch etwas ließ sie zögern. Was würde ihr Mann an ihrer Stelle wohl tun, würde er von einer Idee, die ihm so gut gefiel, ablassen? Niemals, jedenfalls hatte sie das noch nie erlebt. Und hätte sie nicht gern ein Scheibchen von seiner Tatkraft und Spontaneität? Warum es nicht einfach mal versuchen, was konnte schon passieren? Vielleicht haben sie ja auch schon genügend Teilnehmer gefunden, und das Seminar war bereits voll. Fragen kostet ja nichts, und wenn ihr Mann deswegen die Augen verdrehte, wäre es ihr auch egal, das tat er ja fünfmal am Tag, wenn sie ihm von ihren Sorgen erzählen wollte.

Fünfzehn Minuten später saß Evelyne mit einer frischen Tasse Kaffee und einer Zigarette in der Hand auf dem Balkon und konnte ihren Mut noch nicht ganz fassen. Sie hatte eine freundliche Dame am Telefon, die sich für ihre Bereitschaft, an der Studie teilzunehmen, bedankte und die ihr heute noch einige Fragebögen mailen würde, die sie schnellstmöglich ausfüllen und zurücksenden sollte. Das Seminar selbst startete in vier Wochen, und auf ihre Frage, ob sie denn dann Ratschläge und Verhaltenstipps bekäme, damit sie zu Hause weiterüben könne, lachte die Frau und meinte, das gäbe es bei ihnen nicht, aber sie würde ganz sicher erfolgreich sein und sich ihre Tipps künftig selber geben. Schließlich wisse sie ja am besten, was sie benötige.

Deutlich beschwingter als zuvor ging Evelyne in ihr Arbeitszimmer. Die Staubkörner, die sie auf die letzte Reise schicken wollte, hatte sie darüber ganz vergessen.

Die Steuererklärung ging ihr leicht von der Hand, sie hatte direkt Freude daran. Der Umgang mit Zahlen hatte sie immer schon beruhigt, die Ordnung und Klarheit waren ihre Welt. Bis 24 Uhr musste sie die Steuererklärung beim Finanzamt einwerfen, dieses Jahr würde sie es schaffen, pünktlich abzugeben. Und ihr Mann sollte sich und den Kindern eine Pizza bestellen und ihr auch gleich eine mit, heute bleibt die Küche kalt.

Als ihr Mann abends nach Hause kam, war er ziemlich erstaunt, Evelyne um diese Uhrzeit noch so konzentriert bei der Arbeit zu sehen, erklärte sich aber sofort dazu bereit, die Pizzen zu bestellen, und bot ihr sogar an, die Steuererklärung zum Finanzamt zu bringen, egal wann sie damit fertig sei. Doch diesen Triumph wollte sie sich nicht nehmen lassen. Eigenhändig würde sie sie mit dem dazugehörigen Schwung in den Briefkasten befördern.

In dieser Woche war Evelyne wie elektrisiert, alles ging ihr flott von der Hand, ihre ellenlange Liste schrumpfte auf Din A5-Format, sie fühlte sich voll Energie und war seit langer Zeit wieder zufrieden mit sich selbst. Aber nachdem sie über das

Wochenende einen spontanen Familienurlaub gemacht hatten und dann noch ihre Mutter krank wurde und ihre Unterstützung brauchte, geriet ihr Arbeitsplan wieder aus den Fugen. Schnell stellte sich bei ihr das altbekannte Gefühl ein, ihren Terminen nur hinterher zu rennen, nie pünktlich zu sein, immer nur das Schlimmste zu verhüten, nichts mehr unter Kontrolle zu haben. Sie fühlte sich ausgebrannt und leer. Ob sich das wohl je ändern würde? Der Gedanke, dass ihr restliches Leben so verlaufen könnte, machte sie mutlos und müde.

Die schriftliche Erinnerung an das Seminar und die Bitte, an die Pflichtenliste zu denken, passten ihr in diesem Moment gar nicht. Zwei komplette Tage weg von zu Hause konnte sie im Moment nicht gebrauchen. Ihre Mutter war immer noch krank und somit auch nicht in der Lage, die Kinder nach der Schule in Empfang zu nehmen und zu bekochen. Ihre To-do-Liste schien länger denn je, und ihr Energievorrat war bereits auf Reserve angekommen. Aber das war ihr ja nicht neu, das kannte sie nur zu gut. Etwas Versprochenes nicht einzuhalten, war allerdings auch nicht ihre Art, zuverlässig war sie auf jeden Fall, wenn auch nicht immer pünktlich. Die Kinder könnten nach der Schule zu ihren Freunden gehen, dort essen und Hausaufgaben machen, und ihrer Mutter würde sie am Vorabend bringen, was sie brauchte, und nach dem Seminar noch kurz vorbeischauen. Das sollte reichen, schließlich ging es ihr ja schon etwas besser. Nein, diese Zeit würde sie sich nehmen, vielleicht könnte sie ja doch lernen, ihren Tag so zu strukturieren, dass sie alles, was sie sich vorgenommen hatte, auch erledigte.

Die Anweisung der Seminarleiterin, eine oder mehrere unangenehme Pflichten mitzubringen, wäre die leichteste Übung, da nähme sie einfach ihre aktuelle Aufstellung mit. Nein, es waren keine weltbewegenden Dinge darauf notiert, nichts wirklich Wichtiges, der übliche Kleinkram eben, der sich in einem Haushalt über die Woche neben ihrer 50-Prozent-Stelle in der Buchhaltung eines Autohauses ansammelte. Aber von wichtig und dringend stand ja auch nichts in der Ausschreibung, es ging nur um unangenehme Pflichten, die immer wieder bis zum letzten Drücker aufgeschoben werden, immer wieder auftauchen, nie endgültig erledigt sind. Und davon hatte sie genug, zumindest diese Aufgabe konnte sie mühelos erledigen. Ihr Mann war in dieser Woche auf betrieblicher Fortbildung, dem müsste sie auch nichts erklären. Insgeheim freute sie sich auch auf diese beiden Tage, die nur ihr allein gehören würden.

Zwei Systeme: Verstand und emotionales Erfahrungsgedächtnis

Außer Evelyne waren noch 14 weitere Personen in das Seminar gekommen. Ob die wohl alle so waren wie sie? Das interessierte Evelyne am meisten. Hatten sie die gleichen Probleme mit dem Anpacken und Durchziehen von Aufgaben? Oder gab es noch andere Tücken bei unangenehmen Pflichten, von denen sie bisher noch gar nichts wusste? Hoffentlich lernte sie da nicht auch noch an Problemen dazu, das wäre ihr Ende.

Sie hatte heute Morgen lange überlegt, was sie anziehen sollte, hatte sich dann für die strenge Variante entschlossen: Jeans, Stiefel, Rollkragenpullover und ihre braunen Haare zum Pferdeschwanz gebunden. Es sollte keiner denken, sie sei chaotisch oder schlampig, das war sie wirklich nicht. Als sie in die Runde blickte, gab es nur eine weitere Frau, die ähnlich gekleidet war wie sie – in einem schwarzen Hosenanzug. Alle anderen trugen eher legere Kleidung. Es waren acht Frauen und sieben Männer, einige in ihrem Alter, andere um einiges jünger, wahrscheinlich Studenten, und auch ein paar ältere Personen, sicher schon um die 60 Jahre alt.

Nach der Begrüßung wurde der Seminarverlauf erklärt und dann schon der erste Vortrag angekündigt, ganz ohne Vorstellungsrunde. Schade, Evelyne hätte so gern gewusst, was die anderen hierher getrieben hatte. Manchmal kann es ja schon erleichternd sein, wenn klar ist, dass man mit seinen Problemen auf dieser Welt nicht allein ist. Bei einigen hatte sie schon ein Gefühl von Seelenverwandtschaft, wenn sie so in die Runde schaute. Der Frau im Hosenanzug ging es garantiert so wie ihr, aber was hatte den sympathischen Mann ihr gegenüber wohl hierher getrieben? Der machte auf sie einen eher entspannten, lockeren Eindruck, so als hätte er alles im Griff. Sie würde nur zu gern mehr über die anderen erfahren. Wenn bis zur Mittagspause keine Vorstellungsrunde stattgefunden hatte, würde sie sich bei der Seminarleiterin dafür starkmachen. Nun musste sie sich aber auf das angekündigte Referat konzentrieren. Evelyne schüttelte kurz und für die anderen unmerklich ihren Kopf, um die Gedanken zu vertreiben. Es ging los. Die Seminarleiterin begann mit einer Einführung.

Jeder Mensch hat in seinem Gehirn zwei Systeme: den Verstand und das emotionale Erfahrungsgedächtnis. Diese beiden Systeme stehen uns zur Verfügung, um im Leben Entscheidungen zu treffen und dementsprechend zu handeln. Sie unterscheiden sich allerdings stark in ihren Arbeitsweisen, die auf ihren hirnanatomisch verschiedenen Strukturen und Lagen (LeDoux, 2000) beruhen. Ich habe Ihnen auf dem Flipchart diese beiden Systeme mit ihren unterschiedlichen Arbeitsweisen aufgeschrieben.

	Verstand	**emotionales Erfahrungsgedächtnis**
Arbeitstempo	langsam	schnell
Informations-verarbeitung	seriell	parallel
Kommunikations-mittel	Sprache	somatische Marker
Bewertung	richtig / falsch	mag ich /mag ich nicht

Auf der einen Seite gibt es den Verstand, der allen bekannt ist. Mit dem Verstand können wir Aufgaben planen, zeitliche Abläufe berechnen und Vor- und Nachteile eines Verhaltens abschätzen. Der Verstand erinnert uns an Anstehendes und ermahnt uns bei Unvernünftigem. Wenn der Verstand arbeitet, ist uns dieser Vorgang bewusst. Neurologisch betrachtet sitzt er im präfrontalen Kortex, direkt hinter unserer Stirn. Wenn wir mit dem Verstand etwas begriffen haben, dann sind wir in der Lage, darüber mittels Sprache Auskunft zu geben. Wir können sagen, ich habe mich dafür oder dagegen entschieden, weil... Bis jedoch die Bewertung des Verstandes zu einer Sache erfolgt oder ein Vorschlag für eine Entscheidung geschickt wird, kann einige Zeit vergehen. Der Verstand arbeitet langsam. Im schnellsten Fall vergehen 900 Millisekunden, bis er etwas begriffen hat. Es können aber auch Stunden, Tage oder Wochen vergehen, bis ihm klar ist, wie sein durchdachter Vorschlag lautet. Die Informationsverarbeitung dieses Systems ist seriell, das bedeutet, dass der bewusste Verstand immer nur eine Sache nach der anderen bearbeiten kann. Am ehesten wird Ihnen diese Verarbeitungsweise klar, wenn Sie versuchen, gleichzeitig zwei Gedanken auf einmal zu denken. Das geht nicht. Der Verstand arbeitet nach dem Motto «Immer schön eins nach dem anderen!» Mithilfe des Verstandes ist es uns Menschen möglich, Dinge zu tun, nach denen uns eigentlich nicht der Sinn steht, auf die wir keine Lust haben, die aber trotzdem gemacht werden müssen. Der Verstand lässt uns Zahnarzttermine vereinbaren, hilft uns bei unserer Steuererklärung und lässt uns unsere Kinder ermahnen, vernünftig zu sein, still zu sitzen und auch den Geschwistern von den Bonbons abzugeben. Der Verstand ist ein wichtiges System in unserem sozialen Leben, ohne das wir eine komplexe Gesellschaft mit ihren vielen Regeln nicht aufrechterhalten könnten. Er arbeitet nach dem Unterscheidungsprinzip Richtig oder Falsch.

Auf der anderen Seite gibt es das emotionale Erfahrungsgedächtnis. Dieses System erledigt seine Arbeit im Verborgenen, sodass wir davon kaum etwas mitbekommen. Es arbeitet unbewusst. Neurologisch lokalisiert wird das emotionale Erfahrungsgedächtnis im limbischen System, einem aus Sicht der Evolution sehr alten Hirnteil, den wir mit den Tieren gemeinsam haben. Die Informationsverarbeitung dieses Systems ist parallel, das bedeutet, dass das emotionale Erfahrungsgedächtnis in der Lage ist, mehrere Informationen auf einmal wahrzunehmen, zu verarbeiten und in seine Bewertung mit einzubeziehen. Wenn Sie beispielsweise einen Raum betreten, dann scannt dieses System die Umgebung auf verschiedensten Ebenen ab: Wie ist die Helligkeit und die Temperatur des Raumes, wie ist die Einrichtung, welche Personen sind anwesend, und wie riecht es hier? Aber auch innere Zustände werden erfasst: Wie fühle ich mich, bin ich müde oder fit, hungrig, durstig, satt, wie voll ist meine Blase, ist mir nach Reden, oder will ich lieber meine Ruhe? Aufgrund der vielen gleichzeitig verarbeiteten Informationen erhalten Sie dann einen ersten Eindruck von der Situation, was sich im positiven Fall beispielsweise durch ein «Ach schön, hier fühle ich mich wohl»-Gefühl äußern kann, ohne dass Ihnen alle Gründe für dieses Gefühl bewusst sein müssen. Das emotionale Erfahrungsgedächtnis speichert zeit unseres Lebens alle gemachten Erfahrungen unter den Aspekten:

gut für mich gewesen, bitte wiederholen, oder schlecht für mich gewesen, bitte das nächste Mal vermeiden. Vereinfacht gesagt regelt das emotionale Erfahrungsgedächtnis die Stopp- und die Go-Befehle. Diese scheinbar einfache Bewertung des Erlebten ist für alle Lebewesen notwendig, denn dadurch ist der Organismus in der Lage, sehr schnell zu reagieren und einen Handlungsvorschlag zu schicken – und zwar innerhalb von 200 Millisekunden. Diese Reaktionszeit konnte in verschiedenen Studien nachgewiesen werden (Ferguson & Porter, 2009; Kissler et al., 2006). Der Vorschlag des emotionalen Erfahrungsgedächtnisses wird dem Menschen jedoch nicht durch Sprache kommuniziert, sondern mittels der sogenannten somatischen Marker (Damasio, 2011, 2003). Somatische Marker sind körperliche oder emotionale Signale und werden von uns als diffuse Gefühle wahrgenommen.

Betrachten wir nun die Arbeit des emotionalen Erfahrungsgedächtnisses und das Zustandekommen der somatischen Marker noch etwas genauer. Wie schon gesagt sind in Ihrem emotionalen Erfahrungsgedächtnis all Ihre Lebenserfahrungen abgespeichert. Der Hirnforscher Gerhard Roth (2009) geht davon aus, dass das emotionale Erfahrungsgedächtnis bereits ab der fünften Embryonalwoche mit seiner Arbeit beginnt. Wenn Sie nun eine Entscheidung treffen müssen oder etwas in Angriff nehmen wollen, wird in diesem riesigen Pool an Erfahrungen gesucht, ob Sie in Ihrem Leben schon einmal einer vergleichbaren Situation begegnet sind. Ist eine solche gefunden, wird in einem zweiten Schritt geschaut, ob diese Situation damals gut für Sie war oder nicht. Bei einer vergleichbaren positiven Situation schickt das emotionale Erfahrungsgedächtnis einen positiven somatischen Marker in Form eines guten Gefühls, das entspricht einem Go-Befehl. Bei einer vergleichbaren Situation mit negativem Ausgang schickt das System einen negativen somatischen Marker in Form eines schlechtes Gefühls, das entspricht einem Stopp-Befehl. Somatische Marker können individuell ganz unterschiedlich wahrgenommen werden. Beim einen äußern sie sich durch einen Kloß im Hals, Schmetterlinge im Bauch oder zittrige Knie, beim anderen in einem allgemeinen Gefühl der Leichtigkeit, einem Grummeln im Magen oder durch das Zucken der linken Augenbraue. Wichtig ist nicht, wie sich die somatischen Marker bei Ihnen äußern, sondern dass sie von Ihnen wahrgenommen werden. Wer hat bei sich schon somatische Marker beobachtet? Rufen Sie mir einfach mal ein paar zu, ich schreibe sie mit:

Somatische Marker

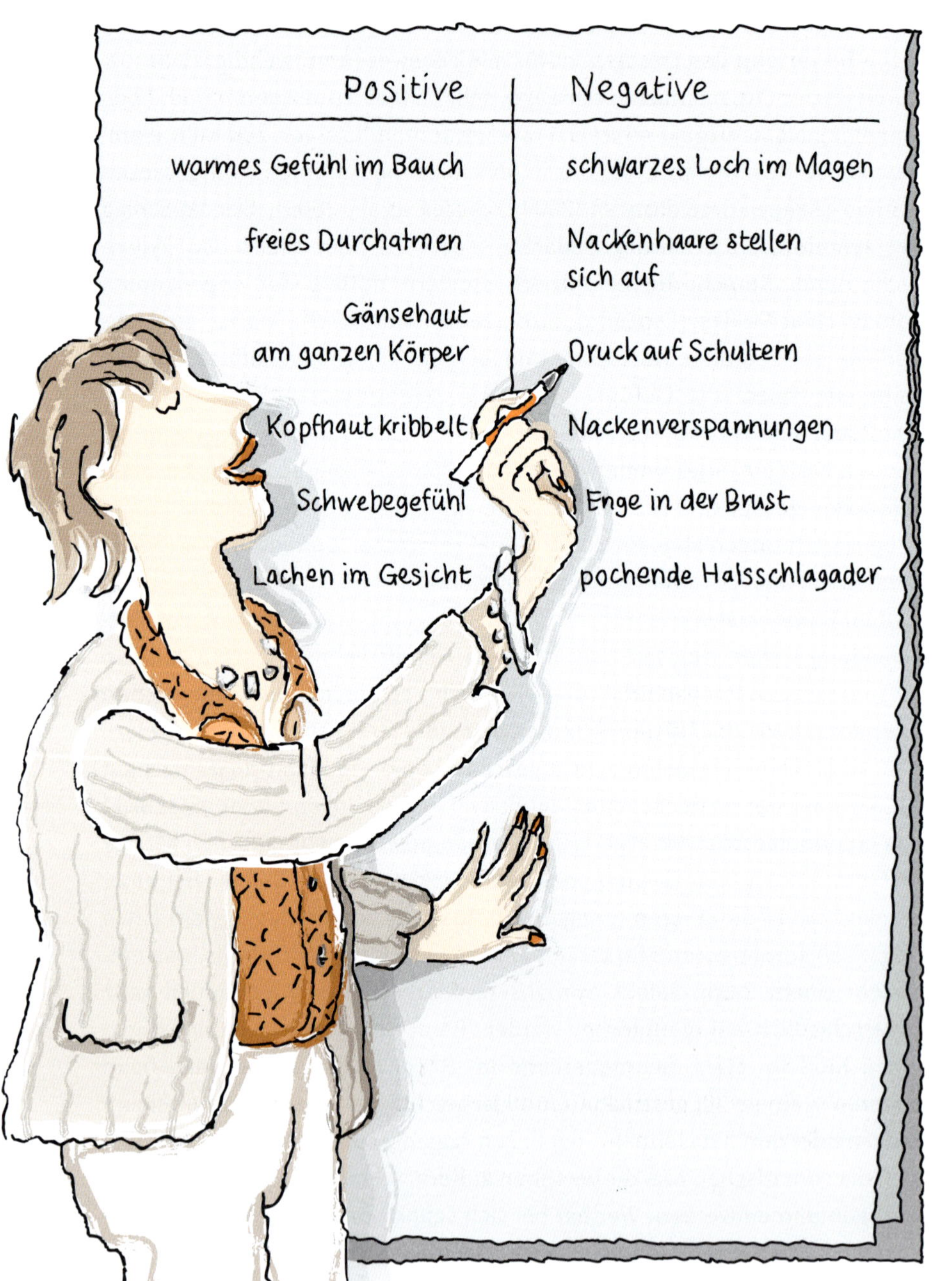

Evelyne hatte den Eindruck, genau zu wissen, wovon die Kursleiterin hier sprach. Oft schon hatte sie das Gefühl gehabt, zwei Menschen zu sein. Als ob etwas in ihr drin versucht hätte, sie abzulenken, sie zu verführen, und ihr einflüsterte, doch auch an sich zu denken, sich in die Sonne zu setzen, Pause zu machen, den Tag zu genießen. Auf der anderen Seite gab es doch aber immer so viel zu tun, ihr Verstand zeigte ihr dauernd auf, was sie noch alles zu erledigen hatte. Die Folge war ein andauerndes schlechtes Gewissen, das nie kleiner wurde. Das war also nicht ihr innerer Schweinehund, der sie nur ablenken wollte, das waren dann wohl diese somatischen Marker, die ihr signalisieren wollten, dass es jetzt genug war mit der Arbeit. Dieses unbewusste System wollte ihr also etwas Wichtiges über ihre Bedürfnisse mitteilen und sie schützen. Und sie hatte sich über diese Gedanken und Gefühle immer geärgert, sie als lästig empfunden und hätte gern auf sie verzichtet. War es doch so mühsam, sich über sie hinwegzusetzen, und wenn sie ihnen doch nachgab, anschließend mit dem schlechten Gewissen umzugehen.

Gibt es zu diesen zwei Systemen und den somatischen Markern noch Fragen?

Ja, sehr viele sogar, dachte Evelyne, aber sie wollte nicht gleich zu Beginn auffallen. Vielleicht würden sich ja einige ihrer Fragen heute und morgen von selbst klären. Sonst könnte sie sich ja in den Pausen immer noch an die Kursleiterin wenden. Aber eine Frage interessierte sie doch sehr, und am liebsten wäre sie im Programm schon am Ende des zweiten Tages angekommen, nur um das zu wissen: Wer würde bei ihr siegen? Würde sich der Verstand durchsetzen, und sie könnte am Ende schneller und effektiver arbeiten, oder würde ihr emotionales Erfahrungsgedächtnis gewinnen, und sie würde sich mehr Pausen gönnen, sich Arbeit vom Hals schaffen und das Leben genießen lernen?

Die Gedanken waren noch nicht zu Ende gedacht, da stellte der junge Mann in dem selbst gestrickten Pulli neben ihr genau diese Frage. «Aber welches System ist denn nun für Entscheidungen besser, und welches behält erfahrungsgemäß die Oberhand, der Verstand oder das emotionale Erfahrungsgedächtnis?» In diesem Moment spürte Evelyne, wie sie sich entspannte. Hier war sie richtig, hier waren Menschen wie sie, mit den gleichen Gedanken und sicher auch den gleichen Sorgen. Und sie konnte sich zurücklehnen und einfach nur zuhören. Nicht sie musste hier vorne stehen und die Initiative ergreifen, andere würden ihre Fragen stellen. Die Antwort auf die Frage war allerdings verblüffend.

Keines dieser Systeme sollte gewinnen, da jedes System seine Vor- und Nachteile hat. Wichtig ist für gute Entscheidungen und Handlungen, dass beide Systeme beteiligt sind. Wissenschaftlich gesprochen geht es um die Synchronisation dieser beiden Systeme, erst dann ist eine Entscheidung klug und ein Verhalten dauerhaft umsetzbar. Immer wenn Menschen also etwas tun möchten oder eine kluge Entscheidung treffen wollen, ist es wichtig, dass beide Systeme zu dem Vorhaben befragt werden und bei der Umsetzung des Vorhabens beteiligt sind (Storch, 2010). Der Mensch verfügt über beide Systeme, und daher ist es nur natürlich und sinnvoll, mit beiden Systemen zu arbeiten. In einem meiner letzten Seminare hat sich an dieser Stelle ein Mann zu Wort gemeldet und gefragt, ob man sich das wie beim Öffnen einer Flasche vorstellen kann, dafür braucht man ja schließlich auch

beide Hände. Und nur wenn beide richtig zusammenarbeiten, kann man hinterher auch etwas trinken. Ich persönlich finde, das ist ein schönes Bild. Das Öffnen der Flasche ist auch mit einer Hand möglich, aber einfacher, schneller und eleganter ist es, wenn wir beide Hände benutzen. Genauso verhält es sich mit diesen beiden Systemen. Arbeiten sie zusammen, dann läuft uns vieles leichter von der Hand, und wir erreichen souverän unser Ziel und setzen es dauerhaft um.

Das Bild mit der Flasche leuchtet mir ein, dachte sich Evelyne. Wenn ich beide Systeme habe, dann sollte ich auch beide gebrauchen. Aber heißt das, dass ich am Ende vielleicht mehr arbeite und gleichzeitig mehr Zeit für mich habe? Dann müsste mein Tag aber 36 Stunden haben. Oder vielleicht sagt sie uns ja noch, wie wir ohne Schlaf auskommen können, schmunzelte Evelyne, da bin ich ja mal gespannt, wie das hier weitergeht.

Arbeitsschwerpunkt und Stimmungslage

Als Nächstes machen wir eine kleine Gruppenübung. Zur Vorbereitung für diese möchte ich Sie alle bitten, das folgende Blatt auszufüllen. Menschen unterscheiden sich in ihren Vorlieben, wie sie am liebsten, am besten und am häufigsten arbeiten und lernen. Tragen Sie nun bitte in das Arbeitsblatt ein, welches Ihr bevorzugter Lern- und Arbeitsschwerpunkt ist. Es handelt sich hierbei um eine Selbsteinschätzung. Markieren Sie bitte insgesamt zehn Symbole in den folgenden vier Arbeitsschwerpunkten. Wenn Sie beispielsweise am liebsten Ihre Angelegenheiten planen, sachlich und nüchtern an Aufgaben herangehen und Sie gern überlegen, wie die einzelnen Schritte zum Ziel aussehen, dann haben Sie Ihren Hauptschwerpunkt im Planerbereich und können hier beispielsweise vier Zirkel markieren.
Die Verteilung der übrigen sechs Symbole – Glühbirne, Hammer und Lupe – verteilen Sie dann entsprechend auf die anderen drei Bereiche. Es ist auch möglich, in einem Bereich nichts zu markieren, ganz wie Sie sich selbst einschätzen. Sie haben für das Ausfüllen dieses Blatts zehn Minuten Zeit.

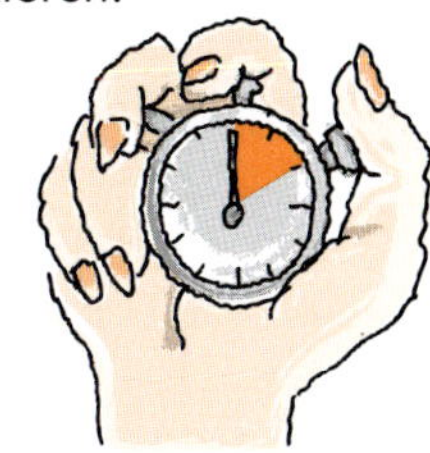

Arbeitsblatt Schwerpunkte

Arbeitsblatt

Mein bevorzugter Lern- und Arbeitsschwerpunkt
mit der damit verbundenen Stimmungslage

Kreisen Sie insgesamt 10 Symbole für Ihre persönlichen Schwerpunkte ein:

Der Entwickler/die Entwicklerin: Visionen und Ideen entwickeln
Stimmungslage: gelassen-entspannt

Hier liegt Ihr Schwerpunkt, wenn Sie gern Visionen und Ideen entwickeln und gern den Überblick über das Geschehen haben. Dabei reagieren Sie, auch wenn es schwierig wird, eher gelassen und entspannt. Für Sie ist es wichtig, dass Sie sich mit einer Aufgabe identifizieren können und die Sinnhaftigkeit dabei nicht nur verstehen, sondern auch spüren.

Der Planer/die Planerin: Arbeiten planen und strukturieren
Stimmungslage: nüchtern-sachlich

Hier liegt Ihr Schwerpunkt, wenn Sie gern sachlich und nüchtern überlegen, in welchen konkreten Abläufen und Schritten Sie Ihre Ziele bis zu welchem Zeitpunkt umgesetzt haben wollen. Auch ist es Ihnen dabei wichtig, nicht bei der Arbeit abgelenkt zu werden.

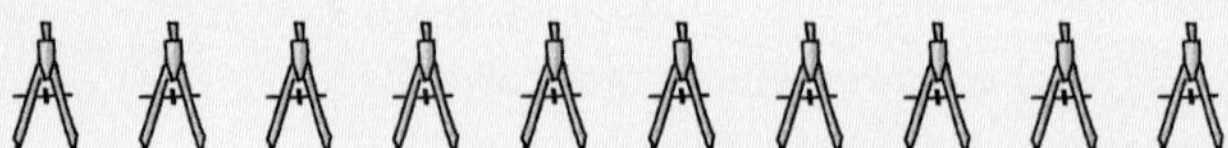

Arbeitsblatt Schwerpunkte

Arbeitsblatt

Der Handler / die Handlerin: Aufgaben anpacken und umsetzen
Stimmungslage: positiv-freudig

Hier liegt Ihr Schwerpunkt, wenn Sie sich darauf freuen, in die Umsetzung überzugehen. Dabei wissen Sie intuitiv, wie Sie Ihr Ziel ohne große Mühe erreichen. Sie vertrauen gern auf Routinen und legen in der Erwartung los, dass Ihnen die Arbeit leicht und schnell von der Hand geht.

Der Fehlersucher / die Fehlersucherin: Details und Schwierigkeiten erkennen
Stimmungslage: ernst-konzentriert

Hier liegt Ihr Schwerpunkt, wenn Sie erst abwägen, wie Sie etwas angehen sollen. Sie sind bei Ihrer Arbeit eher vorsichtig und agieren sorgfältig. Im Anschluss an eine Handlung überlegen Sie genau und überprüfen, was gut und was schlecht gelaufen ist. Sie haben einen hohen Anspruch an eine exakte Arbeitsweise.

Uiiiii, zehn Minuten? Weniger geht wohl nicht, das ist doch eine schwierige und ernste Aufgabe. So eine Frage habe ich mir ja noch gar nie gestellt, wie ich am liebsten und am besten arbeite. Und jetzt soll ich das in zehn Minuten schaffen?

Moment, Evelyne, ganz ruhig. Die Kursleiterin hat da sicher ihre Erfahrungswerte, wie lange das dauert. Und wenn ich es nicht in dieser Zeit schaffe, dann muss sie halt warten und das nächste Mal mehr Zeit geben! Also, hmmmm, wie mach ich das jetzt am besten… Das ist gar nicht so einfach. Wie arbeite ich am liebsten, wie arbeite ich am besten? Okay, zuerst einmal alle Punkte durchlesen und dann entscheiden, immer schön eins nach dem anderen.

Ach, das ist ja gar nicht so schwer, wie ich befürchtet hatte, dachte Evelyne. Ich bin sicher eine Planerin, dann kreuze ich mal vier Zirkel an, schließlich ist eine gute Planung ja das halbe Leben. Aber das Fehlersuchen liegt mir auch, sorgfältig arbeiten, Vor- und Nachteile gegeneinander abwägen und im Nachhinein analysieren, was ich das nächste Mal besser machen könnte, ja, da erkenne ich mich wieder. Denn wenn mir ein Fehler passiert, dann mach ich den sicher nicht ein zweites Mal. Ich lerne schließlich aus meinen Fehlern, im Gegensatz zu meinem Mann. Drei Lupen also. Dann: entwickeln und handeln – hmmm, jetzt hab ich noch drei Symbole übrig, die ich hier verteilen kann. Was bin ich denn mehr, wie arbeite ich lieber?

Sie haben noch zwei Minuten!

Was! Nur noch zwei Minuten?! Evelyne schreckte hoch. Jetzt muss ich mich entscheiden. Soll ich das Handeln nehmen? Intuitiv entscheiden und «handeln» ankreuzen, ohne groß zu überlegen? Oder entwickle ich doch lieber Ideen und habe den Überblick? Das ist jetzt wirklich schwierig! Wann bin ich denn in so einer Situation? Ideen und Fantasien zu haben, ist mir schon etwas näher als das spontane Handeln. Zwei Glühbirnen und einen Hammer. Bin ja gespannt, wie das jetzt weitergeht. Falls dieser Zeitdruck so anhält, werde ich der Kursleiterin mal sagen, dass sie das

Seminar anders planen soll, das muss ja nun wirklich nicht sein, dass man die Leute gleich am Anfang so hetzt, vor allem, wenn es um so wichtige Überlegungen geht.

So, nachdem alle dieses Blatt ausgefüllt haben, machen wir nun die angekündigte Gruppenarbeit. Ich möchte Sie nun bitten, dass Sie sich nach Ihrem hauptsächlichen Arbeitsschwerpunkt in Gruppen zusammenschließen und gemeinsam vier Fragen beantworten. Die Planerinnen und Planer sammeln sich bitte hier vorne in der rechten Raumecke, die Entwicklerinnen und Entwickler in der vorderen linken Ecke, hinten links dann bitte die Fehlersucherinnen und Fehlersucher und hinten rechts die Handlerinnen und Handler. In den Ecken finden Sie die Fragen auf den Tischen ausliegen. Für jede Frage haben Sie fünf Minuten Zeit, also insgesamt für die ganze Übung zwanzig Minuten. Notieren Sie bitte Ihre Meinungen zu den Fragen auf das bereitgestellte Flipchart. Im Anschluss an die Gruppenarbeit wird jede Gruppe ihre Antworten den anderen präsentieren. Alles klar?

«Nein, für mich ist noch nicht alles klar», meldete sich ein Mann. «Ich habe eine Glühbirne, einen Hammer, vier Zirkel und vier Lupen eingekreist. Ich denke, dass ich wirklich bei den Planern und Fehlersuchern den gleichen Arbeitsschwerpunkt habe. Wo muss ich denn nun hin?»

«Das ist überhaupt kein Problem», lächelte die Kursleiterin, «das kommt bei vielen Menschen vor. Sie dürfen selbst entscheiden, in welche Gruppe Sie für diese erste Übung gehen wollen. Profitieren werden Sie in beiden Gruppen.» Der Mann schaute die Kursleiterin etwas unsicher an. «Aber genau das ist ja der Punkt, dass ich mit diesem Entscheiden so meine Probleme habe, das ist ein schwieriges Thema für mich!» Ruhig griff die Kursleiterin in ihre Hosentasche. «Dann werfen wir einfach eine Münze, einverstanden? Kopf ist Planer, Zahl ist Fehlersucher.» Der Mann wirkte etwas verdutzt, stimmte aber zu.

Planer, Planer, bitte Planer, dachte Evelyne, genau das Problem kenne ich ja von mir nur zu gut, und ich würde mich wirklich gern mit diesem Mann in der Gruppe ein bisschen unterhalten. Schade! Zahl, jetzt geht er in die Fehlersucher-Gruppe. Dann werde ich mich eben einmal in einer Pause mit ihm über das Thema «Entscheidungen» austauschen, aber gut zu wissen, dass ich damit nicht alleine bin.

Bei den Planern standen bereits drei andere Personen, zwei Männer und die sympathische Frau mit dem Hosenanzug. Erleichtert ging Evelyne zu ihrer Gruppe. Auf dem Tisch in der Raumecke lag ein Blatt mit folgenden Fragen:

Fragen für die Gruppenarbeit

Arbeitsblatt

1. Was finden wir gut an unserer Art zu arbeiten?
   Welche Vorteile hat diese Art?

....

....

....

2. Was stört uns bei der Arbeit?

....

....

....

3. Was brauchen wir, um gut arbeiten zu können?

....

....

....

4. Was fehlt uns? Was hätten wir gern zusätzlich?
   Was fällt uns dann leichter?

....

....

....

Die zwanzig Minuten vergingen wie im Flug. «Hoffentlich müssen wir nicht beginnen, so können wir uns noch anschauen, wie es die anderen machen», sagte Evelyne zu den anderen. Erleichtert blickten alle die Kursleiterin an, als diese die Handler-Gruppe aufforderte, mit ihrer Präsentation zu beginnen.

Der jungen Frau mit den schwarzen Haaren scheint es gar nichts auszumachen, dass sie anfangen muss, dachte Evelyne erstaunt. Im Gegenteil, sie lächelt und beginnt einfach so mit der Präsentation. Doch beim Anblick des Flipcharts erschrak Evelyne ein wenig, und sie flüsterte spontan zu ihrer Nachbarin: «Also, die Fragen hätten sie ja schon vollständig auf das Flipchart schreiben können, das wäre nun wirklich nicht zu viel verlangt gewesen», und Brigitte, die Frau im Hosenanzug, nickte zustimmend.

«Also, wir sind die Handler, wir arbeiten gern, aber bitte in guter Stimmung. Gern auch in einem Team, aber nur, wenn es da nicht zu viele Bremser gibt», begann die junge Schwarzhaarige schwungvoll die Präsentation. «Wir sind meistens gut gelaunt und können auch spontan reagieren, falls es zu Änderungen kommt. Ab und zu wäre es nicht schlecht, wenn wir ein bisschen mehr Sitzfleisch hätten. Lange und ausdauernd an ein und

Handler-Gruppe

1. Was finden wir gut, was sind Vorteile?

   Spontan, kreativ, können uns gut an Veränderungen anpassen, verbreiten gute Laune

2. Was stört uns?

   Nörgler, schlechte Stimmung, Ja-Aber-Sager, Bremser

3. Was brauchen wir?

   Gute Stimmung bei der Arbeit, arbeiten gern im Team, gebt uns am besten einen Haufen Arbeit, den wir dann selbstständig und individuell abarbeiten.

4. Was hätten wir gern, was fällt uns leichter?

   Etwas besseres Sitzfleisch, eventuell den Kontrollblick

derselben Sache dranbleiben, das ist nicht unbedingt unsere Stärke. Dafür kann man uns aber gern mehrere Sachen auf einmal geben, die wir dann zügig und auf unsere eigene Art erledigen. Arbeiten zu spät abgeben, gibt es bei uns eigentlich nicht. Klar kann es da schon mal vorkommen, dass sich der eine oder andere Fehler einschleicht oder auch ein bisschen die Struktur in der Arbeit fehlt. Deswegen haben wir ebenfalls notiert, dass es vielleicht nicht schlecht wäre, wenn wir mit dem Kontrollblick noch mal über die Arbeit gingen, bevor wir sie abgeben. Aber, hey, nobody is perfect», lachte die Frau charmant in die Runde. «Uns ist aufgefallen, dass wir solche Problemchen haben wie zum Beispiel, Mails ohne Attachments zu verschicken. Aber es gibt ja sicher Schlimmeres im Leben. So, ich glaub, ich hab alles, die Präsentation ist hiermit beendet.»

Wie? Schon vorbei? Evelyne blickte in die Runde und sah in ihrer und der Fehlersucher-Gruppe erstaunte, fragende Gesichter. Also das ging jetzt wirklich etwas schnell, und von Struktur im Vortrag keine Rede. Aber dass ihnen das fehlt, haben sie ja selbst schon erkannt, immerhin. Die junge Frau ist zwar liebenswert und fröhlich, aber strukturiert und klar ist sie ganz sicher nicht. Das war ja wie ein kleiner Silvesterknaller, der da gerade explodiert ist: Nett anzusehen, aber viel zu schnell vorbei, und der Sinn ihrer Aussage ist mir nicht ganz klar. Alles auf einmal und querbeet durcheinander. Und jetzt kommen schon die Entwickler, wie das wohl wird? Ach, das ist ja der sympathische, gemütliche Mann, der mir vorhin gegenübersaß. Aber das kann ja jetzt wirklich nicht ihr Ernst sein, die haben ja die gestellten Fragen auf ihrem Flipchart grad ganz weggelassen, schüttelte Evelyne missbilligend den Kopf.

Entwickler-Gruppe

1. Durch Visionen und Ideen entsteht Neues.
   Auch in stürmischer See haben wir den Überblick.
   Wir wissen, was wir wollen.

2. Misstrauen/Zweifel an unserer Kompetenz
   Kein Vertrauen in uns

3. Vertrauen, Freiheit, Freiraum

4. Konkrete Umsetzung von Ideen
   Planen, die Situation bis ins kleinste Detail durchdenken

«Zur ersten Frage, was wir an unserer Art zu arbeiten gut finden und welche Vorteile diese hat, da waren wir uns gleich einig: Durch uns kommt Neues in die Welt, durch Menschen wie uns ist Fortschritt möglich», sagte der Mann, den Evelyne so sympathisch fand, und blickte bedeutungsvoll in die Runde, bevor er weitersprach: «Kleiner Scherz, ganz so selbstverliebt sind wir nicht», grinste er. «Es ist aber schon so, dass wir viele Ideen haben und wissen, was wir wollen. Auch wenn es hektisch wird, behalten wir den Überblick. Meine Freunde bezeichnen mich als Fels in der Brandung, ich bin durch fast nichts aus der Ruhe zu bringen. Und so werden wir von vielen Menschen auch wahrgenommen, als ruhender Pol, der Orientierung bietet. Wenn jemand ein Problem hat, dann kann er gern damit zu uns kommen, und wir suchen nach einer schönen Lösung, denn wir sind kreative Menschen.

Nun zum zweiten Punkt: Was stört uns? Wenn wir mit Aufgaben belästigt werden, die keinen Sinn ergeben, Beschäftigungsmaßnahmen. Wenn wir spüren, dass unser Umfeld – egal ob privat oder bei der Arbeit – nicht an unsere Kompetenz, an unsere Ideen glaubt und uns nicht vertraut. Und was brauchen wir, um gut zu arbeiten?» Der Mann breitete seine Arme aus. «Gebt uns Freiheit und Freiraum, dann werden wir bunte, leckere und elegante Ideen erarbeiten. Vertraut uns und unterstützt uns bei der Umsetzung.

Diese Unterstützung führt uns gerade zum letzten Punkt, was uns fehlt, was wir noch brauchen können. Wir haben zwar tolle Ideen und Visionen, aber manchmal hapert es bei der Umsetzung. Wie die Handler-Gruppe das so schön gesagt hat, dieses Sitzfleisch, sich hinzusetzen und die Dinge von Anfang bis Ende konkret zu planen, diese Fähigkeit könnten wir auch gut gebrauchen. Dann würden sicherlich noch viel mehr unserer schönen Ideen auch umgesetzt werden, wovon wiederum die Welt profitieren könnte», lachte er. «Ich danke für eure Aufmerksamkeit.»

Vielen Dank schon mal an die beiden ersten Gruppen. Bevor wir mit den nächsten beiden Präsentationen weitermachen, gibt es 20 Minuten Kaffeepause.

Die beiden Präsentationen waren unterschiedlich, aber trotzdem hatten die beiden Gruppen irgendetwas gemeinsam. Evelyne blickte sich im Raum um. Ich muss mich jetzt mal mit einem Gleichgesinnten darüber austauschen und meine Wahrnehmung überprüfen. Am besten, ich rede mal mit Brigitte, die tickt wohl so ähnlich wie ich.

Schon nach wenigen Minuten waren sie richtig drin in der Erörterung der beiden Präsentationen, und Evelyne erzählte Brigitte eine Geschichte, die ihr immer noch zu schaffen machte. «Mein Mann ist, glaube ich, eine Mischung aus beiden, die Aussagen auf den Flipcharts kenne ich wirklich nur allzu gut von ihm – Visionen und Ideen haben und am besten gleich umsetzen. Aber wie ich ihm ja auch immer wieder vorhalte, reicht das einfach nicht. Man muss sich hinsetzen und die Ideen durchdenken, Vor- und Nachteile abwägen, Fehler finden und überlegen, wie diese konkret vermieden werden können. Er empfindet das aber immer als unnötig. Ein gutes Beispiel für einen seiner Schnellschüsse ist die Sache von vor zwei Wochen im Baumarkt. Nach reiflicher Überlegung, wo der geeignete Platz für ein Kräuterbeet sein könnte, und nachdem ich drei Bücher zu diesem Thema gelesen hatte, wollte ich mit ihm die nötigen Utensilien im Baumarkt kaufen gehen. Selbstverständlich hatte ich eine Liste bei mir, was ich alles dafür benötige. Und was macht mein Mann? Tschüss, ich guck mich dann mal ein wenig um, gell! Eine halbe Stunde später kam er mit einem breiten Grinsen in die Gartenabteilung, er hätte gerade einen Outdoor-Whirlpool für unseren Garten gekauft. Ich war völlig perplex und dachte nur, das darf ja wohl nicht wahr sein», ereiferte sich Evelyne sichtbar: «Ein Whirlpool, was wollen wir denn um Himmels willen mit einem Whirlpool? Und wo willst du den denn aufstellen, wir haben doch gar keinen Platz! Er erklärte mir, dass er nach seiner anstrengenden Arbeit gern in dem Whirlpool entspannen wolle und es mir sicher auch guttun würde, mal darin zu relaxen, und dass er schon einen Platz fände, um ihn aufzustellen, das solle ich mal seine Sorge sein lassen. So etwas macht mich einfach nur wütend, der mit seinen spontanen Ideen! So groß ist unser Garten nun auch nicht, dass da Beet und Pool reinpassen. Langer Rede kurzer Sinn, selbstverständlich hatte der Whirlpool auch nach dem zehnten Mal ausmessen keinen Platz in unserem Garten, und er musste ihn wieder zurückbringen. Diese Arbeit hätte er sich auch sparen können, wenn er vor dem Kauf entweder etwas besser nachgedacht oder einfach auf mich gehört hätte. Typisch!»

Es geht weiter, ich bitte nun um die Präsentation der Planer-Gruppe.

«Was? Die Pause ist schon vorbei? Na dann aber schnell, jetzt zeigen wir denen mal, wie eine gute Präsentation aussieht», ermunterte Evelyne Brigitte.

«Wie man an unserem Flipchart gut erkennen kann, arbeiten wir gern strukturiert. Wir denken und überlegen, bevor wir eine Sache in Angriff nehmen. Wir sind geduldig, können warten und Ideen ausreifen lassen. Wir arbeiten zuverlässig und geplant», begann Brigitte die Präsentation. «Unvorhergesehene Änderungen und Ablenkungen bedeuten für uns eine Störung. Das heißt, es fällt uns dann schwer, konzentriert weiterzuarbeiten. Auch mögen wir es nicht, wenn Sachlagen emotionalisiert werden, oftmals ist dies gar nicht nötig und bringt einen auch nicht weiter in der Arbeit. Wir brauchen Ruhe und Zeit, um die Dinge richtig begreifen und durchdenken zu können. Daher kann es auch vorkommen, dass wir Arbeiten zu spät abgeben, wenn die Zeit dafür zu knapp angesetzt war. Allerdings haben unsere Arbeiten den Vorteil, dass sie auch wirklich zu Ende gedacht sind.

Bei der vierten Frage hatten wir ein paar Probleme, auch in Anbetracht der viel zu kurzen Zeit, die für diese Aufgabe gegeben wurde. Wir bekommen immer wieder von unserer Umwelt zu hören, dass wir vorwärtsmachen sollen, daraus schließen wir, dass es uns in den Augen anderer manches Mal an Spontaneität und Tatkraft fehlt. Wir hätten gern eine gewisse Leichtigkeit in der Umsetzung unserer gut geplanten Arbeit, und mit Leichtigkeit meinen wir wohlgemerkt nicht Leichtfertigkeit. Wenn wir

Planer-Gruppe

1. a) Was finden wir gut an unserer Art zu arbeiten?

   Wir denken und überlegen, bevor wir etwas machen.
   Wir können warten und Ideen ausreifen lassen.
   Wir arbeiten zuverlässig und strukturiert.

   b) Welche Vorteile hat diese Art?

   Die Arbeit ist durchdacht und von Anfang bis Ende geplant.
   Unsere Arbeit und unsere Schritte sind für andere verständlich und nachvollziehbar.

2. Was stört uns bei der Arbeit?

   Unvorhergesehene Änderungen
   Starke emotionale Reaktionen, wenn Sachlichkeit angebracht wäre
   Ablenkungen

3. Was brauchen wir, um gut arbeiten zu können?

   Ruhe und Zeit

4. Was fehlt uns?

   Spontaneität

diese Leichtigkeit hätten, dann würde uns die Umsetzung sicherlich besser gelingen, wobei wir allerdings nie auf unsere umsichtige, durchdachte Planung verzichten wollten.»

Sehr gut, sehr schön hat sie das gemacht, dachte Evelyne. Ha, da können sich die beiden vorherigen Gruppen ruhig eine Scheibe von uns abschneiden. Jetzt bin ich aber wirklich gespannt auf die letzte Gruppe, hier habe ich ja meinen zweitgrößten Arbeitsschwerpunkt.

«Wir arbeiten sehr exakt und daraus resultiert: Wir suchen und finden in jeder Suppe das berühmte Haar. Bei der Gruppenarbeit ist uns etwas Spannendes aufgefallen. Die Handler hatten ja vorhin erwähnt, dass es bei ihnen oft vorkommt, dass sie Mails ohne Attachments abschicken. Wir haben festgestellt, dass wir keinen Text, kein Buch lesen können, ohne irgendwelche Fehler zu entdecken. Wir haben beim Lesen den Tunnelblick eingeschaltet, der jeden Fehler findet. Ich bin mir nicht sicher, ob das hierhergehört, aber ich dachte, das ist vielleicht eine interessante Beobachtung unserer Gruppe», blickte der Mann etwas unsicher in die Runde. «Unsere Stärken sind, dass wir sehr konzentriert und sorgfältig arbeiten. Bevor wir eine Entscheidung treffen, wägen wir das Für und Wider ganz genau ab. Ein weiterer Vorteil unserer Arbeitsweise ist, dass wir keinen Fehler zweimal machen.

Nun kommen wir zum zweiten Punkt, was uns bei der Arbeit stört. Wie ich bereits beim ersten Punkt erwähnt habe, machen wir keinen Fehler zweimal. Da wir den Fehler meist selbst bemerken und uns diesen sehr zu Herzen nehmen, ist es nicht nötig, uns zu kritisieren. Wenn Kritik ausgesprochen werden muss, dann bitte nicht mehr als einmal und bitte

Fehlersucher-Gruppe

1. Was finden wir gut an unserer Art zu arbeiten?
   Welche Vorteile hat diese Art?

   Wir arbeiten sehr exakt und finden jedes Haar in der Suppe.
   Wir arbeiten konzentriert, sorgfältig und sind ganz bei der Sache.
   Wir wägen objektiv das Für und Wider ab.
   Wir machen keinen Fehler zweimal.

2. Was stört uns bei der Arbeit?

   Unterbrechungen, fehlende Konkretisierungen, starke Emotionalität, Kritik

3. Was brauchen wir, um gut arbeiten zu können?

   Informationen, Zeit, Ruhe, Ermunterung

4. Was fehlt uns? Was hätten wir gern dazu?
   Was fiele uns dann leichter?

   Wir hätten gern etwas mehr Mut zu weniger Perfektionismus.
   Wir würden gern zwischendurch den Überblick herstellen, da wir dazu neigen, uns im Detail zu verlieren.

nicht mit dem Vorschlaghammer. Das lähmt uns, und wir tragen dieses Gefühl dann Tage oder auch Wochen mit uns herum, bevor wir das Ganze etwas verdaut haben. Aber vergessen können wir es nie. Besonders schwierig wird es für uns, wenn wir unterbrochen werden, das haben wir mit den Planern gemeinsam. Fehlende Konkretisierungen – also damit ist gemeint, wenn uns keine klaren Arbeitsaufträge gegeben werden, wenn beispielsweise der Chef mit einem riesigen Haufen von Unterlagen kommt mit der Ansage: Arbeiten Sie sich die kommenden Tage hier mal durch – so etwas bereitet uns ernsthafte Probleme. Da weiß man ja gar nicht, was zu tun ist. Und wenn uns dann ein Fehler passiert, der womöglich auch noch Kritik nach sich zieht, dann ...», er atmete tief durch, «ja dann wird's richtig hart.

Daraus lässt sich folgern, was wir brauchen, um gut arbeiten zu können. Gebt uns Zeit und Ruhe, wie der Planer-Gruppe, und dazu hätten wir gern noch alle notwendigen Informationen und ab und zu eine kleine Ermunterung, das wäre nett. Ich möchte die Aussage der Planer stützen, auch wir hätten hier deutlich mehr Zeit benötigt, um alle Punkte zufriedenstellend beantworten zu können. Liebe Kursleiterin, rechnen Sie doch bitte bei Ihrem nächsten Seminar an dieser Stelle mehr Zeit ein, ich meine wenigstens doppelt so viel, besser wäre eine Stunde.» Das leise Kichern aus der Handler-Ecke irritierte ihn, und bevor er fortfuhr, rückte er sich die Brille zurecht.

«An den dritten Punkt schließt sich der vierte Punkt an: Was fehlt uns, was hätten wir gern, was fiele uns dann leichter? Wir haben alle einen Hang zum Perfektionismus, also hohe Ansprüche an uns selbst und unsere Arbeit. Perfektionismus braucht jedoch seine Zeit, über die wir leider nicht grenzenlos verfügen, schließlich hat unser Tag ja auch nur 24 Stunden.

Es wäre vielleicht gut, wenn wir manches Mal den Perfektionismus etwas herunterschrauben könnten. Es wäre auch gut, wenn wir irgendwie zwischendurch den Überblick über das ganze Projekt herstellen könnten, da wir uns manches Mal mit unserem Tunnelblick im Detail verlieren. Wie sagt man so schön, wir sehen manchmal den Wald vor lauter Bäumen nicht», beendete er seine Präsentation sichtlich erleichtert.

Vielen herzlichen Dank, das haben Sie alle sehr schön gemacht. Wie Sie vielleicht bereits bei den Präsentationen bemerkt haben, gibt es große Unterschiede darin, wie Menschen am liebsten an Aufgaben herangehen, wie sie am besten arbeiten und wo die Probleme dieser unterschiedlichen Arbeitstypen liegen. Diese erste Übung hat Ihnen einen groben Überblick verschafft. Bevor ich Ihnen erkläre, wie diese Unterschiede zustande kommen und wie sie mit meinen vorherigen Ausführungen in Verbindung stehen, machen wir nun die Vorstellungsrunde. Ich bitte nun jede und jeden, sich mit dem Vornamen vorzustellen, denn wir werden im weiteren Verlauf des Kurses auf das Arbeits-Du umstellen. Nennt dann bitte das Thema eurer unangenehmen Pflichten und den Grund, warum ihr euch für dieses Seminar angemeldet habt.

Besser konnte sich Evelyne die Vorstellungsrunde nicht wünschen, genau das interessierte auch sie brennend. Was hatten die anderen für lästige Aufgaben, und vor allem, was hielt sie davon ab, diese einfach zu erledigen? Warum waren sie hier? Evelyne war vor allem daran interessiert, mehr über die Probleme der Entwickler und Handler zu erfahren, da die auf sie gar nicht den Eindruck machten, als hätten sie Probleme mit unangenehmen Pflichten. Obwohl Evelyne schon sehr gespannt war, fühlte sie sich auch ein bisschen unwohl bei dem Gedanken, über sich erzählen zu müssen. Immerhin gab man jetzt ja sehr Persönliches von sich preis, und mit fremden Menschen über ihr eigenes Versagen zu sprechen, hatte sie bisher immer vermieden. Vielleicht würde sie sich nach dieser ersten Vorstellungsrunde, in der nächsten Pause, einfach still und heimlich aus dem Staub machen. Schließlich hatte sie ja keinen Vertrag unterschrieben. Wenn sie sich hier nicht wohlfühlte, würde sie einfach gehen. Mit dieser Option im Hinterkopf konnte Evelyne sich beruhigen und den anderen zuhören.

Jasmin

Jasmin, eine BWL-Studentin, machte den Anfang. «Unangenehme Pflichten kenne ich so eigentlich gar nicht, ich erledige immer alles sofort, damit ich es hinter mir habe und mich nicht weiter damit befassen muss. Mein Problem ist im Moment meine Masterarbeit, die ich unbedingt im Herbst abgeben muss. Mein Prof hat mich schon ermahnt, ihm endlich mein Konzept vorzustellen, sonst sähe er schwarz für mich. Ich habe ja alles schon im Kopf», lachte sie und schüttelte ihre Mähne, «es muss eigentlich nur noch aufs Papier. Aber genau da hapert es bei mir, ich habe einfach kein Sitzfleisch. Ich kann selten länger als eine Stunde am Stück an meiner Arbeit sitzen, ohne unruhig zu werden. Ich checke ständig Facebook, schaue nach meinen SMS und chatte mit Kolleginnen und Kollegen. Der soziale Kontakt ist mir sehr wichtig. Die Vorstellung, dass ich mich für Monate von der Außenwelt abschotten soll, um meine Arbeit fertig zu schreiben, ist grauenvoll. Und genau das bringt mich dann immer wieder raus, und nach dem dritten Neustart habe ich dann keine Lust mehr und lege meine Arbeit auf die Seite. So bastle ich jetzt schon seit fast sechs Monaten dran rum und komme auf keinen grünen Zweig.» Im Moment sei auch noch so richtig schöner Wind auf dem See, da könne sie als leidenschaftliche Surferin sowieso nicht drin hocken bleiben. Jasmin ist eine attraktive junge Frau, der man ihre Quirligkeit ansehen kann. Langeweile sei ihr unbekannt, schließlich gäbe es doch so viel zu entdecken und auszuprobieren auf der Welt. Nach dem Studium wolle sie in Australien für mindestens ein Jahr Auslandserfahrungen sammeln, sie liebe dieses Land nicht zuletzt wegen der Surfszene. Bisher sei es ihr einigermaßen gut gelungen, durch das Studium zu kommen, die Hausarbeiten hätte sie immer recht schnell geschrieben, da hätte sie nie große Probleme gehabt. Aber ihre Masterarbeit sei offensichtlich ein besonders dicker Brocken, den sie mit ihrer bisherigen Arbeitsmethode nicht schaffen könne, strahlte sie in die Runde. «Aber die Seminarleiterin hat mir versprochen, dass auch mir geholfen werden kann, und deshalb bin ich hier. Von mir aus kann es gleich losgehen.»

RALIA

Brigitte

«Ich bin Brigitte, 45 Jahre alt und hier, weil ich für meinen Beruf mein Englisch verbessern oder genauer gesagt mein Business-Englisch auf Vordermann bringen muss und einfach nicht den Anfang finde. Mir wurde vor Kurzem eine neue Stelle angeboten, die mich sehr interessiert, und genau dafür brauche ich das Englisch. Aber wenn ich abends heim komme, will ich eigentlich nur noch die Füße hochlegen und abschalten. Ich habe Sorge, dass ich mich dann nicht mehr aufraffen kann, um zur Sprachschule zu gehen; da bleibe ich sicher nicht konsequent dran. Ich bin wirklich hin- und hergerissen zwischen der Aussicht auf die neue Stelle und der Vorarbeit, die ich dafür leisten muss.» Brigitte saß aufrecht auf dem Stuhl, hatte ihre Beine übereinandergeschlagen und strich sich ihre Haare hinter die Ohren. «Ich ärgere mich selber über mich, dass es mir einfach nicht gelingt, diesen Sprachkurs anzufangen und durchzuziehen. Aber ich komme nicht drum herum, möchte die neue Arbeit auch wirklich gern machen und wusste ja von vorneherein, dass ich dazu mein Englisch verbessern muss. Aber ich kann mich einfach nicht dazu aufraffen. Ich habe mich zwar schon über die Kurszeiten bei der Sprachschule informiert, aber es noch nicht geschafft, mich anzumelden. Wenn ich nur schon darüber spreche, merke ich, wie wütend ich werde, hierfür fremde Hilfe in Anspruch nehmen zu müssen, aber ähnlich wie bei Jasmin wird es bei mir jetzt höchste Zeit.»

A-D
D-K
K-M

Wolfgang

«Und ich bin der Wolfgang, 50 plus und Malermeister. Ich habe 25 Mitarbeiter und führe das Geschäft jetzt schon in dritter Generation. Ich bin von meiner Frau hierher geschickt worden, weil sie meint, ich könnte hier vielleicht endlich lernen, mit meinen Leuten auch mal Tacheles zu reden, wenn es darauf ankommt. In ihren Augen bin ich zu gutmütig, und sie meint, die Mitarbeiter würden mir auf der Nase herumtanzen. Das find ich übertrieben, so schlimm ist es wirklich nicht, aber ein bisschen recht geben muss ich ihr schon. Ich kann schlechte Stimmung und Ärger einfach nicht leiden, im Geschäft genauso wenig wie daheim. Ich finde, wenn jeder seinen Job gut macht, gibt's auch keinen Grund für Ärger, aber bei 25 Leuten gibt's immer welche, die nicht so gut schaffen. Darüber regen sich dann die andern auf, und schon ist die Stimmung mies, wisst ihr was ich meine?» Wolfgang schaute fragend in die Runde.

«Im Büro hat meine Frau das Sagen, da gibt's kein Pardon, da spuren alle, aber auf der Baustelle muss ich das halt übernehmen, und, na ja, da könnte es wirklich manchmal besser laufen. Also mich stört's ja nicht wirklich, aber ich hab meiner Frau versprochen, was zu unternehmen, weil die sich immer alle bei ihr beschweren und sie die Nase voll davon hat.» Wolfgang ist wegen seiner ruhigen und ausgeglichenen Art sehr beliebt, nicht nur bei seinen Mitarbeitern, sondern auch in der Handwerksinnung, wo er im Vorstand sitzt. Er gilt als Fels in der Brandung, der mit allen gut auskommt und an den man sich immer wenden kann, wenn Not am Mann ist. «Nachdem ich jetzt aber meine zwei Vorrednerinnen, wenn ich euch so nennen darf», zwinkerte er Jasmin zu, «gehört habe, bin ich mir gar nicht mehr sicher, ob ich hier richtig bin. Unangenehm ist es mir schon, mit andern zu schimpfen, das ist richtig, wer macht das schon gern, aber mit dem Anpacken und Durchhalten habe ich überhaupt keine Probleme, bei mir geht immer alles zackzack. Also wenn ich hier falsch bin, dann sagt's mir bitte, aber erst nach der Pause, das Mittagessen würde ich mir gern noch schmecken lassen», schmunzelte er und streichelte seinen Bauch.

Nachdem die Kursleiterin Wolfgang versichert hatte, dass er hier absolut richtig sei mit seinem Anliegen und er sich auch auf das Mittagessen freuen dürfe, kam Martin an die Reihe.

Martin

Martin räusperte sich, bevor er begann. «Also, mir geht's da ähnlich wie dem Wolfgang, ich bin mir gar nicht sicher, ob ich hier richtig bin. Ihr habt alle ein Problem mit der Arbeit, und das ist ja auch wichtig, aber bei mir geht's nur um mehr Sport in der Freizeit. Das habe ich bei der Anmeldung aber auch gleich gesagt, ich will ja keinem den Platz wegnehmen, der es vielleicht viel nötiger hätte als ich, das wäre mir dann wirklich sehr unangenehm.»

Dabei sah er fragend zur Seminarleiterin, und erst als ihm bestätigt wurde, dass das so völlig okay sei und es keine Vorschriften gäbe, worauf sich die unangenehme Aufgabe beziehen soll, sprach er weiter. «Na, dann bin ich ja beruhigt, obwohl ich mir immer noch ein bisschen komisch vorkomme mit meinem Freizeitanliegen. Mein Problem, oder anders gesagt, meine unangenehme Pflicht ist, wie schon gesagt, mehr Sport zu treiben. Ich komme jetzt langsam in die Jahre, in denen ein Mann anfängt, in die Breite zu wachsen, und ich will unbedingt etwas dagegen unternehmen. Ich bin von Beruf Lehrer an einem Gymnasium, ich unterrichte Latein, Deutsch und Geschichte. Ich kenne die übliche Meinung von der Arbeitszeit der Lehrer gut und spreche jetzt mal vorsichtshalber nicht von Zeitmangel, um meinen Sport auszuüben, obwohl ich darauf hinweisen muss, dass ich mit meinen Unterrichtsstunden, Vor- und Nachbereitungszeiten auf durchschnittlich 45 Wochenstunden komme. Nein, Zeitmangel allein ist es bei mir nicht.

Ich versuche seit Längerem wieder in Form zu kommen, aber obwohl ich seit einiger Zeit ausschließlich mit dem Fahrrad zur Schule fahre, bleibt der gewünschte Erfolg aus, und deshalb sollte ich wohl noch mehr tun. Und genau hier sitzt das Problem. Ich schaffe es einfach nicht, mich aufzuraffen und ins Fitnessstudio zu gehen. Ich habe mich schon bei einem Studio angemeldet und zahle seit drei Monaten brav den Beitrag, war aber insgesamt erst fünfmal dort. Dafür hätte ich mir sicher auch einen Personal Trainer leisten können. Mir geht es dabei ähnlich wie dir, Brigitte, auch ich ärgere mich über mich, und ich schäme mich auch gleichzeitig darüber, dass ich das nicht schaffe. Von meinen Schülern erwarte ich wie selbstverständlich, dass sie lernen und üben, und ärgere mich über ihre Ausreden, wenn sie unvorbereitet in den Unterricht kommen.

Aber ich selber bin nicht in der Lage, zweimal in der Woche für eine Stunde ins Fitnessstudio zu gehen. Ich bin aus zweierlei Gründen auf dieses Seminar gespannt, zum einen natürlich aus eigenem Interesse und in der Hoffnung, endlich wieder bauchfrei zu werden, und zum anderen, um diese Methode, wenn's bei mir funktioniert, an meine Schüler weitergeben zu können. Da habe ich schon einige Kandidaten im Auge, die solch eine Technik auch sehr gut gebrauchen könnten.»

René

«Ich wäre froh, Wolfgang, ich hätte eine Frau, die mein Büro macht und mich bei der Buchhaltung unterstützt, aber im Moment bleibt das noch alles an mir hängen. Mich hätte nicht meine Frau, sondern mein Steuerberater hierher geschickt, wenn ich mich nicht selbst angemeldet hätte. Ich bin selbstständiger Bestatter und habe mein Bestattungsunternehmen erst vor einem Jahr gegründet. Ich kann mir noch keine eigene Buchhalterin leisten, mein Geschäft befindet sich ja gerade im Aufbau. Mein Problem ist, dass ich offensichtlich Wichtiges nicht von Unwichtigem unterscheiden kann, oder anders ausgedrückt: Für mich ist alles gleich wichtig. Ich kann stundenlang an einer Sargdekoration sitzen, plane jede Zeremonie individuell und neu und nehme mir viel Zeit für die Wünsche der Angehörigen, obwohl ich nicht pro Stunde, sondern pro Auftrag bezahlt werde. Es macht mir einfach Spaß, ich liebe meinen Beruf und will ihn so gut wie möglich machen. Die Angehörigen sollen die Beerdigung schließlich als eine schöne Erinnerung in ihrem Herzen tragen, und da sind das Umfeld, die Gestaltung und die dazugehörige Zeremonie ganz entscheidend.

Bei der Buchhaltung und Ablage und vor allem der Rechnungsstellung dagegen kann ich überhaupt keine Leidenschaft entwickeln, das ist und bleibt eine schwierige, trockene und langweilige Materie für mich. Leider sieht das meine Bank anders und mahnt mich regelmäßig an. Ich weiß ja selbst, dass ich für meine Arbeit Rechnungen ausstellen muss, aber das ist halt so eine Sache. Wisst ihr, Trauernde im Umgang mit dem Tod eines lieben Menschen zu begleiten, das ist der Grund, warum ich Bestatter geworden bin. Diesen dann aber Rechnungen zu schicken, das ist für mich sehr schwierig. Am liebsten würde ich die Sache mit den Rechnungen

Ein
Gruß

einfach weglassen können, aber das geht nicht, schließlich muss ich ja davon leben. Der Grund, warum ich hier bin, ist, dass sich auf meinem Schreibtisch ein Chaos befindet und ich immer wieder den Überblick verliere. Für mich ist es ziemlich mühsam, den einzelnen Aufträgen die richtigen Posten zuzuordnen. Ich habe es schon mit verschiedenen Listen versucht, habe schon bei der Handwerkskammer Seminare besucht, bei denen man lernen kann, Arbeiten zu strukturieren, aber geholfen hat das alles nichts. Wenn ich mich an meinen Schreibtisch setze, müsste eigentlich alles sofort erledigt werden. Trotzdem gelingt es mir selten mal, einen Schwung am Stück abzuarbeiten.

Ich weiß, das klingt komisch, aber ich muss dann einfach raus aus dem Büro und wieder zu meinen Särgen gehen. Da blühe ich auf, da bin ich glücklich, da weiß ich genau, was ich zuerst machen muss, was wichtig ist und was warten kann. Da habe ich den Überblick, der mir im Büro völlig fehlt. Wenn ich doch nur mit der gleichen Perfektion meinen Bürokram erledigen könnte, wie ich an meine restliche Arbeit gehe, dann müsste ich mir keine Sorgen um mein Geschäft machen.»

Evelyne spürte, wie die Anspannung immer mehr von ihr abfiel. Jeder und jedem konnte sie ganz oder teilweise zustimmen, überall fand sie sich wieder. Aber so arg wie bei einigen Teilnehmenden war es bei ihr dann doch nicht. Ihr saß keine Bank im Nacken, kein Professor mahnte sie zur Abgabe, sie war aus eigenem Antrieb hier und nicht weil ihr Mann es von ihr verlangte.

Als die Reihe an ihr war, konnte sie aufrecht und mit fester Stimme, fast schon fröhlich, von ihren Sörgchen, denn mehr waren ihre Kümmernisse im Moment nicht, berichten. Ihre Mühe mit der privaten Ablage, die lästige, immer wiederkehrende Arbeit mit der Steuererklärung, der Stapel von Kontoauszügen, die noch kontrolliert werden wollten, schienen ihr in diesem Moment weit weg. Ihre ehrenamtliche Tätigkeit als Elternbeiratsvorsitzende in der Schule ihrer Kinder, die sie auch manchen Abend kostete, erwähnte sie gar nicht. Als Evelyne zum Schluss noch von ihrem Ärger über die überflüssigen Kommentare ihres Mannes sprach und dass er sie wegen ihrer lahmen Art als «Lama mit h» bezeichnete und sie das künftig abzustellen hoffe, erhielt sie lautstarke Zustimmung von den anderen. Sie fühlte sich in diesem Moment so stolz und gleichzeitig erleichtert, dass sie die Geschichten der restlichen Teilnehmenden nur noch als Gemurmel wahrnahm.

Kurzer Einblick in die PSI-Theorie

Wie ich euch vorhin bereits gesagt habe, geht es nun im Folgenden darum, wie diese Unterschiede in eurem Arbeitsverhalten zustande kommen und wie sie mit dem Verstand und dem emotionalen Erfahrungsgedächtnis in Zusammenhang stehen. Die Theorie hierzu liefert die Persönlichkeits-System-Interaktionen-Theorie von Professor Julius Kuhl (2001) von der Universität Osnabrück. Sie wird abgekürzt als PSI-Theorie bezeichnet. Bei den Grundannahmen dieser Theorie spielen Affekte eine große Rolle. Affekte sind die einfachsten Gefühlsregungen. Sie sind im menschlichen Gehirn auf einer Ebene angesiedelt, auf der nur zwischen positiven und negativen Gefühlen unterschieden wird. Auf dieser Ebene wird ohne Überlegungen oder höhere Erkenntnisse vom Organismus rasch erkannt, ob ihm ein Objekt guttut oder nicht. Die Bewertung von Objekten oder Situationen erfolgt mittels der positiven und negativen Affekte. Komplexere Formen von Affekten sind Gefühle als Oberbegriff für Emotionen und Stimmungen, egal ob sie bewusst werden oder nicht (Storch & Kuhl, 2012). Die PSI-Theorie unterscheidet einerseits zwischen positivem und negativem Affekt und andererseits zwischen zwei Ausprägungen von Affekten: Affekte sind entweder aktiviert oder gedämpft.

Positiver Affekt

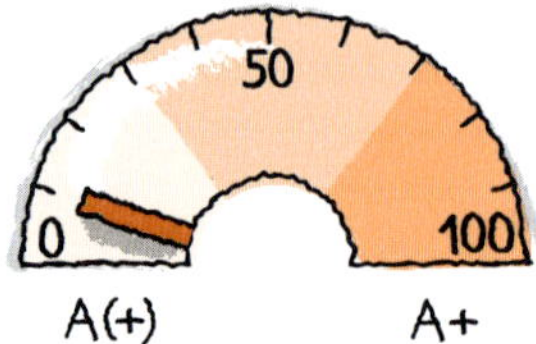

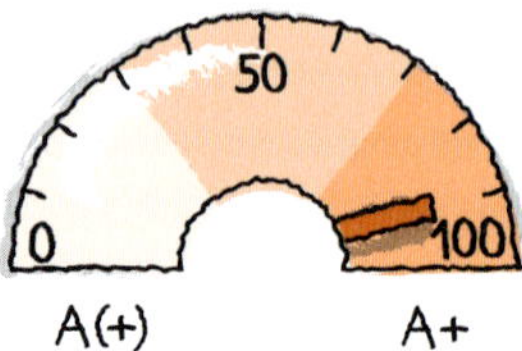

Negativer Affekt

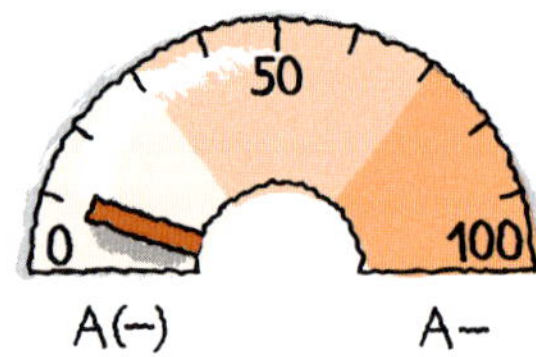

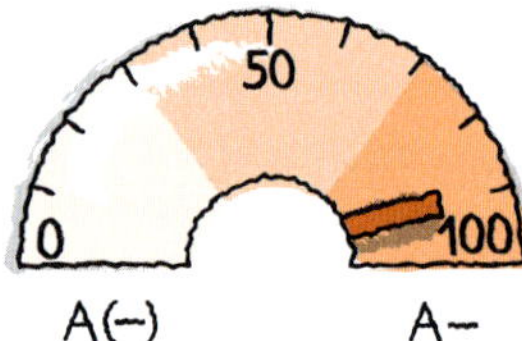

Daraus lassen sich vier verschiedene Affektlagen ableiten, die auf dem folgenden Flipchart dargestellt sind. Zum einen gibt es die Unterscheidung zwischen positivem und negativem Affekt. Positive und negative Affekte werden im menschlichen Gehirn an zwei verschiedenen Orten erzeugt (Storch & Kuhl, 2012; Kuhl, 2001; Lang et al., 1997). Bei negativen Affekten spielt die Amygdala eine große Rolle, bei positiven Affekten ist der Nucleus accumbens von entscheidender Bedeutung. Die Tatsache, dass positive und negative Affekte an zwei verschiedenen Orten im Gehirn entstehen, ist der Grund, weshalb diese getrennt voneinander dargestellt werden.

Zum anderen kann bei den zwei Arten von Affekten jeweils noch unterschieden werden, ob diese gedämpft oder aktiviert sind. Die Dämpfung des Affektes wird durch die Klammer dargestellt. Der gedämpfte positive Affekt ist hier als A(+) geschrieben, der aktivierte positive Affekt als A+. Ähnlich ist es bei dem negativen Affekt. Ist dieser gedämpft, schreibt man A(–). Ist er aktiviert, so steht einfach nur A–.

Entsprechend lassen sich von den vier Affektlagen zugehörige Stimmungen ableiten. Ist der positive Affekt aktiviert, ist der Mensch in einer freudigen, positiven Stimmung. Das Gegenteil dieser Affektlage ist der gedämpfte positive Affekt, hier fühlt man sich nüchtern und sachlich. Auf der anderen Seite ist die Stimmung bei aktiviertem negativem Affekt ernst und konzentriert, bei gedämpftem negativem Affekt dagegen gelassen und entspannt.

Nun schlage ich eine Brücke zu der Gruppenübung, die ihr vor der Vorstellungsrunde gemacht habt. Was haben diese vier Affektlagen mit dem Entwickeln, dem Planen, dem Handeln und dem Fehlersuchen zu tun?

Die PSI-Theorie unterscheidet vier verschiedene Funktionssysteme, die mit unterschiedlichen Arten der Informationsverarbeitung einhergehen (siehe Storch & Kuhl, 2012; Kuhl, 2001). Je nachdem, in welcher Affektlage sich ein Mensch befindet, ist in seinem Gehirn eines dieser Funktionssysteme aktiviert.

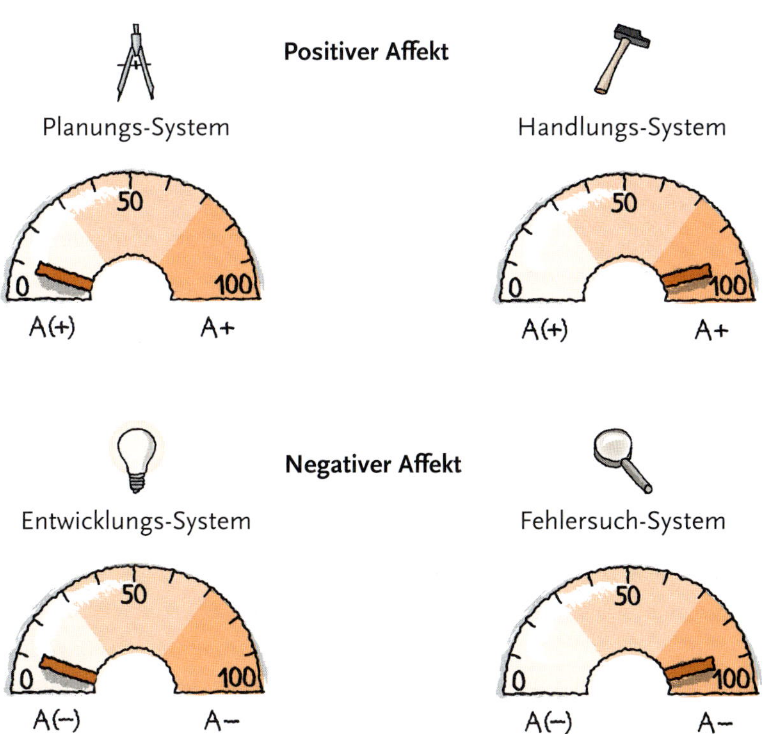

Es ist aber auch umgekehrt so, dass, wenn ein Mensch mit einem System arbeitet, dies die entsprechende Stimmung auslöst. Dann seid ihr bei konzentriertem Lernen nüchtern und sachlich, in der gemütlichen Runde mit Freunden jedoch gelassen und entspannt oder freudig und positiv.

Jetzt schauen wir uns diese vier Funktionssysteme der PSI-Theorie und die Verbindung mit den Affektlagen genauer an. Bei gedämpftem positivem Affekt ist das Planungs-System aktiv. Julius Kuhl nennt dieses System das Intentions- oder Absichtsgedächtnis. In diesem System steht das Planen und Aufrechterhalten von schwierigen Aufgaben im Vordergrund, was durch den Zirkel symbolisiert wird. Ist der positive Affekt jedoch aktiviert, so ist das Handlungs-System eingeschaltet. Dieses System wird von Kuhl die intuitive Verhaltenssteuerung genannt. In diesem System steht das Handeln im Vordergrund, ausgedrückt durch das Symbol des Hammers.

Auch auf der Seite des negativen Affekts gibt es zwei Funktionssysteme. Ist der negative Affekt gedämpft, so ist das Entwicklungs-System aktiviert, das Extensionsgedächtnis. In diesem System befinden sich alle Lebenserfahrungen und das Selbst eines Menschen. Hier geht es darum, selbstkongruente Ziele zu entwickeln, also Ziele, die aufgrund der gemachten Lebenserfahrung wirklich zu einem selbst passen. Ist negativer Affekt dagegen aktiviert, so springt das Fehlersuch-System an, das sogenannte Objekterkennungssystem. Dieses System hat die Hauptaufgabe, Fehler zu finden, Einzelheiten zu bewerten und Schwierigkeiten bei der Umsetzung wahrzunehmen. Affekte steuern also unsere Wahrnehmung, unsere Informationsverarbeitung und unsere Handlungen.

Um in ein ganz bestimmtes System zu gelangen, ist es nötig, die Affektlage zu wechseln. Man muss somit die Kompetenz besitzen, selbstbestimmt seine Gefühle zu regulieren, je nachdem, was die Situation gerade erfordert. Befindet man sich beispielsweise im Planungs-System und hat sich ausführlich mit der Planung einer Absicht beschäftigt, so muss für die Umsetzung dieser Absicht in das Handlungs-System gewechselt werden, es muss also, bildlich gesprochen, zum Hammer gegriffen werden. Das gelingt durch das Herstellen von positivem Affekt. Umgekehrt ist es für eine genaue Planung sinnvoll, nicht vorschnell in das Handlungs-System zu wechseln. Erst wenn die Planung abgeschlossen ist, ist dieser Wechsel angeraten. Menschen, die zu früh in das Handlungs-System übergehen, müssen lernen, ihre positiven Affekte zu dämpfen, bis der geeignete Moment der Ausführung gekommen ist.

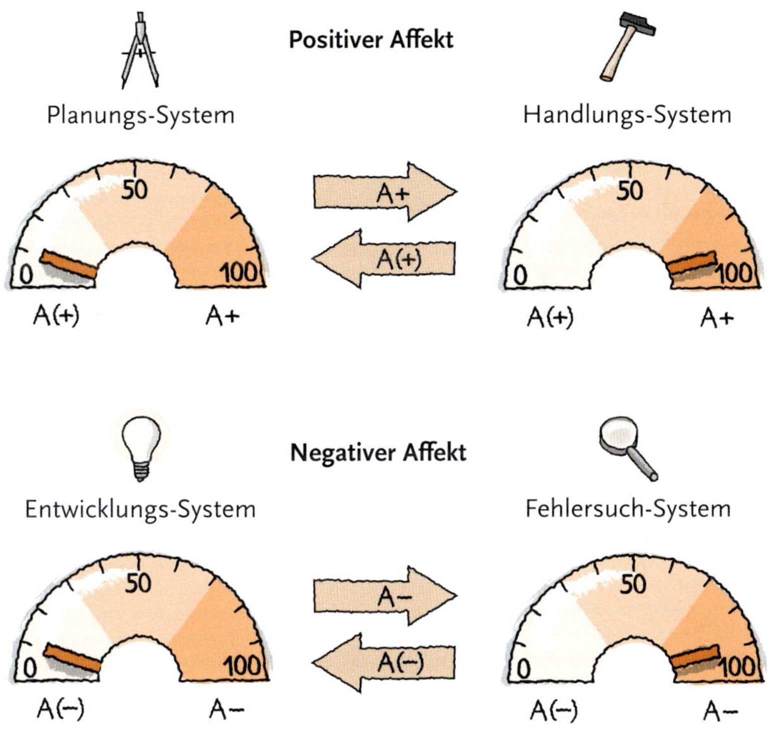

Wenn im Fehlersuch-System die Fehlersuche abgeschlossen wurde und man den Überblick über die gesamte Arbeit erhalten will, so muss der Wechsel in das Entwicklungs-System stattfinden, indem der negative Affekt herunterreguliert wird. Umgekehrt kann es aber auch sinnvoll sein, vom Entwicklungs-System in das Fehlersuch-System zu wechseln. Dies ist immer dann der Fall, wenn man aus gemachten Fehlern lernen und diese in den Erfahrungspool des emotionalen Erfahrungsgedächtnisses integrieren will. Hierzu muss negativer Affekt aktiviert und so lange aufrechterhalten werden, bis der Fehler und seine Ursache gefunden wurde – bildlich ist dies mit der Lupe dargestellt.

Die Entwicklungs- und Handlungs-Systeme sind eng mit dem emotionalen Erfahrungsgedächtnis verknüpft und liegen in Hirnarealen, zu denen wir keinen bewussten Zugang haben. Die Planungs- und Fehlersuch-Systeme sind in Hirngebieten lokalisiert, die uns Menschen bewusst sind und mit Verstandesleistung assoziiert werden. Jedes dieser vier Systeme ist wichtig, es gibt kein Besser und Schlechter. Entscheidend ist, dass wir lernen, selbstbestimmt zwischen den Systemen wechseln zu können, je nachdem in welchem Arbeitsschritt und in welcher Situation wir uns gerade befinden (Storch & Kuhl, 2012). Dieser Wechsel findet, wie beschrieben, durch die Aktivierung oder Dämpfung von Gefühlen statt. Es kann hierfür auch der psychologische Begriff der situativ-angepassten Affektregulationskompetenz verwendet werden.

Wie ihr es selber schaffen könnt, eure Affekte zu regulieren und so in das passende System zu gelangen, werdet ihr in diesem Seminar lernen.

In der Gruppenübung heute Morgen habt ihr bereits eingeschätzt, in welchem System ihr selbst vorwiegend und bevorzugt arbeitet. Euren Lernbedarf könnt ihr nun aus dieser Erkenntnis und meinem Vortrag ableiten. Jasmin, du bist ja eine typische Handlerin und hast bei der Vorstellungsrunde gesagt, es fehle dir an Sitzfleisch für deine Masterarbeit. Dies kann gut damit zusammenhängen, dass du dich zu kurz im Planungs-System aufhältst und bei dir immer wieder das Handlungs-System von selbst anspringt, das dich in Aktion versetzt. Für deine Masterarbeit ist es jedoch erst mal notwendig, sitzen zu bleiben, den konkreten Ablauf zu planen, die einzelnen Kapitel zu ordnen und und und. Das kannst du nur mit dem Planungs-System bewerkstelligen. Dein Lernbedarf besteht also darin, den Hammer wegzulegen und zum Zirkel zu greifen, indem du den positiven Affekt dämpfst.

Wolfgang, der ja in der Entwickler-Gruppe ist, hat uns geschildert, dass er Probleme damit hat zu kritisieren. Sobald negativer Affekt in seiner Umgebung oder in ihm selbst auftaucht, wenn beispielsweise ein Mitarbeiter schlecht arbeitet, reguliert Wolfgang diesen von selbst herunter und ist schnell wieder in seinem bevorzugten System. Für dich wäre es jedoch wichtig zu lernen, negativen Affekt aus- und aufrechtzuerhalten, um Fehler deutlicher wahrzunehmen, damit du dann deinen Mitarbeitern eine angemessene, konstruktive Kritik geben kannst. Dein Lernbedarf besteht also darin, dein Fehlersuch-System länger aktiv zu halten. Das geschieht, indem der negative Affekt aktiviert bleibt.

Das waren nur zwei stellvertretende Beispiele. Jetzt ist es an euch – wenn so weit alles klar ist –, das folgende Arbeitsblatt auszufüllen.

Mein Lernbedarf für den Umgang mit meiner Pflicht

Arbeitsblatt

Meine unangenehme Pflicht:

....

....

....

Mein momentaner Lern- und Arbeitsschwerpunkt: | Mein Lernbedarf:

☐ →

☐ →

☐ →

☐ →

«Nein, Moment», meldete sich Martin, «jetzt hab ich wieder das gleiche Problem wie vorhin bei der Gruppenarbeit. Nach meiner Einschätzung bin ich gleichermaßen Planer und Fehlersucher, da ich ja gleich viele Zirkel wie Lupen eingekreist habe. Jetzt muss ich mich ja doch entscheiden! Oder wirfst du einfach noch einmal deine Münze?» Die Kursleiterin erklärte Martin, dass er jetzt beide Systeme aufschreiben darf und dass sein Lernbedarf darin besteht, vom Fehlersuch- ins Entwicklungs-System und vom Planungs- zum Handlungs-System zu wechseln. Martin hat also den Lernbedarf, gleichzeitig den negativen Affekt zu dämpfen und den positiven Affekt zu aktivieren. Er kann aber auch erst einmal nur an einem der beiden Systemwechsel arbeiten und sich später bei Bedarf den anderen vornehmen. In diesem Seminar lernt er eine Methode kennen, die er jederzeit auch auf andere Bereiche anwenden kann, wie ihm die Kursleiterin versichert.

Und wie mache ich das jetzt, überlegte Evelyne. Einerseits würde ich gern alles in einem Wisch erledigt haben, aber andererseits entspricht das nicht meinem Ordnungssinn. Soll ich die Punkte «planen» und «Fehlersuche» aufschreiben oder nur «planen»? Die Kursleiterin hat ja gerade gesagt, was ich hier lerne, kann ich auf alles Mögliche anwenden. Ich denke, ich fang mal mit «planen» an, immer schön eins nach dem anderen. Ja, so mach ich's.

Nachdem nun jeder und jede von euch dieses Blatt ausgefüllt hat, machen wir uns jetzt daran, die Affektregulation, die ihr für den Systemwechsel benötigt, zu erlernen. Wie ihr bereits in meinen ersten Ausführungen erfahren habt, verfügen wir Menschen über zwei Systeme – den Verstand und das emotionale Erfahrungsgedächtnis. Für die selbstbestimmte Affektregulation ist das emotionale Erfahrungsgedächtnis das entscheidende System, mit dem wir im Folgenden arbeiten werden. In diesem System befinden sich euer Selbst und all eure Lebenserfahrung. Um eine Lösung zu finden, wie ihr selbst eure Affekte angemessen regulieren könnt und den Systemwechsel herbeiführt, fragen wir das emotionale Erfahrungsgedächtnis, euer Unbewusstes. Natürlich können wir das nicht auf die herkömmliche Art tun, so wie wir mit anderen Menschen kommunizieren, mit dem Unbewussten können wir ja nicht einfach sprechen. Trotzdem ist es uns möglich, das Unbewusste zu Wort kommen zu lassen.

Lernbedarf für den Umgang mit meiner Pflicht von Evelyne

Arbeitsblatt

Meine unangenehme Pflicht:

Ablage, Steuererklärung,
mich lähmende Aufgaben zügig abarbeiten

Mein momentaner Lern- und Arbeitsschwerpunkt:

Mein Lernbedarf:

☒ → →

☐ → →

☐ → →

☐ → →

Wunschelemente-Technik

Im Zürcher Ressourcen Modell wurde für die Kommunikation mit dem Unbewussten die Wunschelemente-Technik (Storch, 2008; Storch und Riedener, 2005) erfunden. Mit dieser Methode hat das Unbewusste die Möglichkeit, sich über Bilder mitzuteilen, denn es kann sich nicht über Sprache mitteilen, die ist ausschließlich dem Verstand vorbehalten. Wilma Bucci geht davon aus, dass wir Menschen Informationen auf drei Arten wahrnehmen und verarbeiten: über Sprache, Bilder und körperliche Gefühle. Da Worte eine reine Verstandesleistung darstellen, brauchen wir zusätzlich die Bilder, um der Sprache eine Bedeutung zu geben (Bucci, 2002). Um auf der Bilderebene Ideen aus dem Unbewussten für die Affektregulation zu erhalten, arbeiten wir mit den sogenannten Wunschelementen. Ein Wunschelement hat die Eigenschaften, die ihr braucht, um euch in die gewünschte Affektlage zu bringen. Bewährt haben sich Bilder von einem Tier, einer Pflanze, einer Landschaft, einem Fahrzeug oder einer Person, real oder erfunden. Der eigenen Fantasie sind bei dieser Technik keine Grenzen gesetzt, wenn euch andere als die von mir genannten Arten von Wunschelementen einfallen, dürft ihr auch gern diese eigenen nehmen.

Als Wunschelement eignet sich alles, was gute und starke Bilder hervorruft. Bitte stellt euch jetzt folgende Frage: Welches Wunschelement verfügt über Eigenschaften, die mich in das gewünschte System, in die angestrebte Affektlage bringen? Dabei entscheidet jede und jeder für sich selbst, mit welchem Wunschelement gearbeitet werden soll. Eine Regel gilt es allerdings zu beachten: Wählt das Wunschelement, zu dem spontan und schnell gute Bilder auftauchen. Das passiert innerhalb der schon bekannten 200 Millisekunden. Notiert euch also bitte die Wunschelemente, die als Erstes vor eurem inneren Auge auftauchen. Sobald ihr allzu sehr ins Grübeln geratet, verzichtet auf das Wunschelement. Die Bilder zu euren geeigneten Wunschelementen werden euch von eurem Unbewussten geschickt. Eurem Verstand muss bei diesem Schritt noch nicht klar sein, was das Unbewusste damit ausdrücken will, dazu kommen wir dann in einem späteren Schritt. Jetzt gilt es erst mal, euer Unbewusstes zu Wort kommen zu lassen. Der Verstand hat nun Pause, ihr könnt ihn für diese Aufgabe in die Ferien schicken.

Ich verteile jetzt das entsprechende Arbeitsblatt, und eure Aufgabe ist es, möglichst zu jedem Wunschelemente-Vorschlag eine eigene Idee zu finden. Ihr habt zehn Minuten Zeit dafür.

Wunschelemente zu meinem Lernbedarf

Arbeitsblatt

Mein Lernbedarf aus dem Hand-out von Seite 65:

→ ☐ → ☐ → ☐ → ☐

Folgende Wunschelemente haben Eigenschaften, die mich in die angestrebte Gefühlslage bringen:

- Welches Tier?

....

- Welche Pflanze?

....

- Welche Landschaft?

....

- Welches Fahrzeug?

....

- Welche Person?

....

- Welche Sportart?

....

- Welches andere Wunschelement?

....

Ein Wolf – Evelyne sah klar und deutlich einen Wolf, der sie mit wachem Blick ansah. Wie konnte das sein, sie machte doch um das Wolfsgehege im Wild- und Freizeitpark immer einen großen Bogen, wenn sie mit ihrer Familie zu einem Ausflug dort war. Wäre nicht ein Elefant besser für ihr Vorhaben, ein richtiger Dickhäuter, der sich durch nichts aufhalten lässt? Oder besser noch eine Katze, die immer nur an ihre eigene Zufriedenheit denkt? Eine Katze weiß genau, was gut für sie ist, und sie macht immer, was sie will, lässt sich von niemandem etwas vorschreiben. Aber dann erinnerte sich Evelyne an die Anweisung, das zu wählen, was einem als Erstes in den Sinn kommt, ohne den Verstand zu Wort kommen zu lassen. Also blieb sie beim Wolf, es würde sich sicher noch aufklären, warum der jetzt so schnell aufgetaucht war, der Auftrag war schließlich klar und deutlich. Als Sportart fiel ihr Fußball ein, elegant zwischen allen Hindernissen durchlaufen und dann den Ball gezielt ins Tor schießen, das würde sie gern können. Als Fahrzeug erschien ihr ein Panzer vor dem inneren Auge, der unaufhaltsam über alle Hindernisse hinwegrollt.

Wunschelemente zum Lernbedarf

Evelyne

Lernbedarf von Evelyne:

Folgende Wunschelemente haben Eigenschaften, die mich in die angestrebte Gefühlslage bringen:

- Welches Tier?
  Wolf
- Welche Pflanze?
  Lotusblüte
- Welche Landschaft?
  Wald
- Welches Fahrzeug?
  Panzer
- Welche Person?
  –
- Welche Sportart?
  Fußball
- Welches andere Wunschelement?
  Springbrunnen

Jasmin

Lernbedarf von Jasmin:

Folgende Wunschelemente haben Eigenschaften, die mich in die angestrebte Gefühlslage bringen:

- Welches Tier?
  Schnecke
- Welche Pflanze?
  Mammutbaum
- Welche Landschaft?
  Strand
- Welches Fahrzeug?
  Die Bremse an meiner Vespa
- Welche Person?
  Mein Prof
- Welche Sportart?
  Surfen
- Welches andere Wunschelement?
  –

Wunschelemente zum Lernbedarf

Brigitte

Lernbedarf von Brigitte:

Folgende Wunschelemente haben Eigenschaften, die mich in die angestrebte Gefühlslage bringen:

- Welches Tier?
  Pferd
- Welche Pflanze?
  Vergissmeinnicht
- Welche Landschaft?
  Vulkan
- Welches Fahrzeug?
  Cabriolet
- Welche Person?
  –
- Welche Sportart?
  Tennis
- Welches andere Wunschelement?
  –

René

Lernbedarf von René:

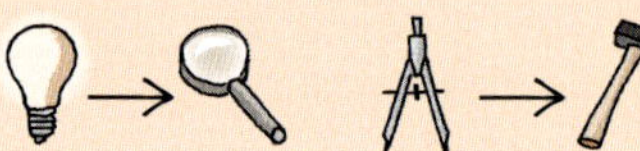

Folgende Wunschelemente haben Eigenschaften, die mich in die angestrebte Gefühlslage bringen:

- Welches Tier?
  Eule
- Welche Pflanze?
  Efeu
- Welche Landschaft?
  Berggipfel
- Welches Fahrzeug?
  Heißluftballon
- Welche Person?
  Arzt
- Welche Sportart?
  Poolbillard
- Welches andere Wunschelement?
  –

Wunschelemente zum Lernbedarf

Martin

Lernbedarf von Martin:

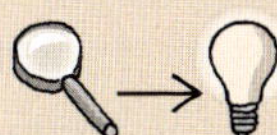
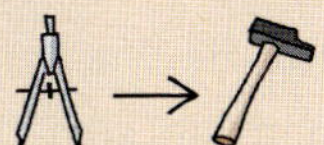

Folgende Wunschelemente haben Eigenschaften, die mich in die angestrebte Gefühlslage bringen:

- Welches Tier?
  Puma
- Welche Pflanze?
  –
- Welche Landschaft?
  Bergsee
- Welches Fahrzeug?
  Ferrari
- Welche Person?
  Winnetou
- Welche Sportart?
  Crosslauf
- Welches andere Wunschelement?
  Goofy

Wolfgang

Lernbedarf von Wolfgang:

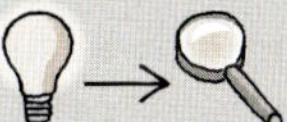

Folgende Wunschelemente haben Eigenschaften, die mich in die angestrebte Gefühlslage bringen:

- Welches Tier?
  Schwein
- Welche Pflanze?
  Rose
- Welche Landschaft?
  –
- Welches Fahrzeug?
  Bulldozer
- Welche Person?
  Hirte
- Welche Sportart?
  Rugby
- Welches andere Wunschelement?
  Schlumpf

Jetzt habt ihr euch eine Mittagspause verdient, wir treffen uns in einer Stunde wieder hier, guten Appetit allerseits.

In der Mittagspause waren alle entspannt und fröhlich. Evelyne saß mit Brigitte zusammen und erfuhr, dass Brigitte verheiratet war, aber keine Kinder hatte. Sie und ihr Mann hätten sich gegen Kinder entschieden, weil sie beide Karriere in ihren Berufen machen wollten, erzählte Brigitte. Ihr Mann war Rechtsanwalt mit eigener Kanzlei und kam, ähnlich wie sie, erst spät aus dem Büro. Ihnen blieben nur die Wochenenden als gemeinsame Zeit, denn unter der Woche sahen sie sich oft nur für wenige Stunden. Manchmal bedauere sie ihre Kinderlosigkeit, aber dafür sei es nun zu spät, meinte Brigitte, und ihr Job mache ihr wirklich riesig Spaß. Beides zusammen gehe nun mal nicht, ohne dass eines zu kurz komme. Sicher, in Frankreich könne man seine Kinder schon früh in Ganztageseinrichtungen geben. Aus diesem Grund, erzählte sie weiter, hätten sie früher auch schon überlegt, nach Frankreich zu ziehen, zumal sie damals nicht weit von der Grenze weg gewohnt hatten. Aber bei dem Gedanken, die Kinder nur abends zu sehen, bekam sie immer wieder ein schlechtes Gewissen. Nein, wenn sie etwas mache, dann richtig oder gar nicht. Mit Entscheidungen gehe sie in ihrem Leben immer gleich um: Die Angelegenheit wird durchdacht und, wenn es etwas Weitreichendes ist, mit Pro-und-Kontra-Listen analysiert. So hat sie es auch mit ihrer Beförderung gehalten. Gemeinsam mit ihrem Mann hat sie Punkt für Punkt aufgeschrieben und auf Vor- und Nachteile abgeklopft, bis hin zum Verdienst nach Steuer. Sie hat sich dann entschieden, die Herausforderung anzunehmen. Als einziges Hindernis hierfür gibt es jetzt noch diesen Kurs in Business-Englisch, der Voraussetzung für die Beförderung ist. Bei ihrer Liste habe sie jedoch darauf bestanden, ihr Gefühl von Herausforderung gegen das Mehr an Arbeitsaufwand aufzurechnen. Ganz so verkopft sei sie schließlich auch nicht, versicherte sie, obwohl sie zugab, dass das Denken bei ihr eindeutig Priorität habe und das Fühlen ihr ein bisschen unheimlich sei und ihr unklar und unscharf vorkomme.

Evelyne fühlte sich Brigitte in vielen Punkten sehr ähnlich, aber auf ihre Kinder zu verzichten, um Karriere zu machen, wäre für sie ausgeschlossen. Und extra Listen anzufertigen, um eine Entscheidung herbeizudenken, das wäre ihr definitiv zu viel Arbeit. Die Zeit hätte sie gar nicht.

Das meiste, das Alltägliche entschied sie aus dem Bauch heraus, da hatte sie auch genügend Vertrauen in ihr Bauchgefühl. Und die wirklich großen und wichtigen Entscheidungen fällte sie immer zusammen mit ihrem Mann. Da waren die Rollen klar verteilt: Er versuchte, sie zu überzeugen, besorgte die Informationen, die sie brauchten, und drängte sie zu einer raschen Entscheidung. Sie bremste ihn, äußerte Bedenken, forderte Zeit zum Überlegen und ließ ihn warten. Gemeinsam kamen sie immer zu einem guten Beschluss. Sie und ihr Mann, das waren die vier Systeme, von denen hier die Rede war, jeder von ihnen verkörperte zwei. Eigentlich keine schlechte Lösung, die nicht vorhandenen Eigenschaften an den Partner abzugeben, dachte Evelyne, aber noch besser wäre es natürlich, wenn ich alles selbst könnte.

Die Mittagspause verging schneller, als ihr recht war, gern hätte sie sich noch mit Wolfgang unterhalten. Sie wollte unbedingt erfahren, wie ihn seine Frau dazu gebracht hatte, an diesem Seminar teilzunehmen. Er erinnerte sie stark an ihren Mann, den brachte auch nichts aus der Ruhe, außer sie vielleicht mit ihrer in seinen Augen lahmen Art. Dass er deswegen zu einem Seminar für Selbstmanagement gehen würde, hielt sie jedoch für ausgeschlossen. Dabei könnte er hier auch einiges lernen, da war sie sich ganz sicher. In der nächsten Pause würde sie sich mit Wolfgang unterhalten. Wenn er hierhergefunden hatte, hegte sie die Hoffnung, ihrem Mann den Kurs vielleicht auch schmackhaft machen zu können.

Nachdem ihr jetzt ausgeruht und gestärkt seid und ihr alle eure Wunschelemente eingetragen habt, können wir zum nächsten Schritt übergehen. Einige werden vielleicht schon eine Ahnung haben, warum ihnen dieses Tier, dieses Fahrzeug oder die Sportart vom Unbewussten geschickt wurde und welche Eigenschaften davon ihnen möglicherweise hilfreich sein könnten. Wer noch keine Ahnung hat, wer möglicherweise rätselt, warum denn jetzt gerade dieses Tier oder Fahrzeug aufgetaucht ist, dem kann ich nur sagen: Immer mit der Ruhe, kein Problem, alles wird sich aufklären. Bei dir, Evelyne, sehe ich noch ein kleines Fragezeichen auf der Stirn, kann das sein? Keine Sorge, nach der nächsten Übung wird es verschwunden sein, das geht am Anfang vielen so.

Im nächsten Schritt geht es jetzt darum herauszufinden, warum euch euer Unbewusstes gerade diese Wunschelemente geschickt hat und was es euch damit sagen will. Dieses Verstehen erfolgt einerseits mithilfe unseres Verstandes und andererseits mithilfe anderer Personen. Der Verstand und die anderen Personen helfen, die Wunschelemente in Worte zu übersetzen, mit denen sich dann weiterarbeiten lässt. Dafür wurde im Zürcher Ressourcen Modell die Ideenkorb-Technik (Storch & Krause, 2007) entwickelt. Ihr werdet von mir gleich in Vierergruppen eingeteilt. Die einzelnen Gruppenmitglieder sollen sich gegenseitig Ideenkörbe zu zwei ihrer Wunschelemente geben. Dazu kennzeichnet bitte jetzt erst einmal zwei Wunschelemente, mit denen ihr im Folgenden weiterarbeiten wollt. Ja, lieber Martin, nun musst du dich wieder entscheiden. Dass wir hier im Seminar nur mit zwei Wunschelementen arbeiten, liegt an der begrenzten Zeit. Wenn ihr zu all euren sechs oder sieben Wunschelementen Ideen bekommen würdet, müsste das Seminar mindestens einen Tag länger dauern. Falls ihr jedoch wieder einmal mit dieser Technik arbeiten wollt, dürft ihr euch gern zu all euren Wunschelementen Ideenkörbe holen. Aus meiner Erfahrung reicht es aber vollkommen aus, an dieser Stelle mit zwei Elementen weiterzuarbeiten. Nehmt diejenigen, die die stärksten positiven Gefühle und deutlichsten Bilder in euch hervorrufen. Ihr habt hierfür eine Minute Zeit.

Immer diese Entscheidungen unter Zeitdruck! Evelyne wandte sich genervt dem Arbeitsblatt zu. Da soll mal einer eine sinnvolle Entscheidung treffen können. Ich werde das Thema bei der nächsten Gelegenheit mal ansprechen und sehen, wie es den anderen damit geht.

«Also jetzt muss ich dich wirklich fragen, warum du uns immer so unter Zeitdruck setzt», meldete sich Martin sichtlich pikiert. «Ich nehme dieses Seminar sehr ernst und erhoffe mir hier wirkliche Hilfe, aber das geht doch nicht, dass du uns immer so stresst. Das sind doch wichtige Entscheidungen, die wohl überlegt sein wollen. Schließlich hast du ja gesagt, dass wir das restliche Seminar mit diesen beiden Wunschelementen weiterarbeiten werden, und da möchte ich keine falsche Entscheidung treffen. Wenn du zu wenig Zeit eingeplant hast, dann musst du dein nächstes Seminar eben drei Tage lang machen. Ich finde, es darf nicht sein, dass die Kursteilnehmenden unter deiner zeitlichen Fehlplanung zu leiden haben.» Gespannt auf ihre Reaktion und die Antwort blickte Evelyne zur Kursleiterin. Dieser Zeitdruck sei beabsichtigt, sagte sie freundlich, wissenschaftliche Studien hätten gezeigt (siehe Krause & Storch, 2010), dass unter leichtem Zeitdruck der Verstand überfordert ist und dadurch die Arbeit an das Unbewusste abgegeben wird. Und genau dies wolle sie erreichen. Die Wahl der Wunschelemente soll nicht der Verstand treffen, sondern das Unbewusste.

Mhhmm, also gut, wenn sie meint... die stärksten Gefühle und deutlichsten Bilder, grübelte Evelyne. Das eine Wunschelement ist klar, das ist der Wolf, der taucht immer wieder in meinem Kopf auf, ohne dass ich weiß, wie der mir helfen soll. Aber das müssen wir ja wohl auch noch nicht genau wissen. Und das zweite? Fußball oder Panzer? Lotusblüte oder Springbrunnen? Oder doch lieber der Wald? Was will ich denn? Ich nehm jetzt einfach das, woran ich nach dem Wolf als Erstes gedacht habe: Fußball, basta!»

Ideenkorb-Technik

Und wie könnt ihr jetzt herausfinden, warum euch euer Unbewusstes ausgerechnet dieses Wunschelement geschickt hat und was es euch damit mitteilen will? Indem ihr gleich in einer Gruppe ein brainstorming-ähnliches Verfahren verwendet und einen Ideenkorb mit lauter schönen Ideen zu eurem Wunschelement erhaltet. Im nächsten Schritt erkläre ich euch die Ideenkorb-Technik, mit der ihr dann später in den Gruppen arbeitet. Schaut euch bitte einmal das folgende Flipchart an:

Beim Ideenkorb geht es darum, wie ihr aus den gewählten Wunschelementen nützliche Hinweise eures emotionalen Erfahrungsgedächtnisses für den Umgang mit eurer unangenehmen Pflicht gewinnen könnt. Mit der Ideenkorb-Technik nutzen wir die Gehirne anderer Personen, ihre Erfahrungen und Einfälle zu einem Thema. Ideen, die uns vielleicht nie eingefallen wären, aber sehr wohl begeistern können. Die Ideenkorb-Technik macht uns selbst unbewusste Ideen bewusst, gibt also unserem Unbewussten die Möglichkeit, bewusst zu werden. Diese Entschlüsselung erfolgt in zwei Schritten. Als Erstes werden von anderen Menschen Ideen zu den betreffenden Wunschelementen gesammelt. Im zweiten Schritt wertet die oder der damit Beschenkte beziehungsweise die neue Eigentümerin diese Ideen auf eine ganz besondere Art und Weise aus.

Wir kommen nun zur Sammelphase, die in Kleingruppen abläuft, die ausgelost werden. Die Gruppenmitglieder arbeiten in verschiedenen Rollen. Diese Rollen werden alle zehn Minuten gewechselt, sodass jeder und jede einmal in jeder Rolle ist. Da gibt es zunächst einmal die Person A, zu deren Wunschelementen Ideen gespendet werden. Die Person A stellt einen imaginären Ideenkorb auf, welchen die Fremdgehirne – das sind die Personen B, C und D – mit Ideen zum Wunschelement füllen. A hat während der zehn Minuten, in denen ihr Ideenkorb gefüllt wird, nur die Aufgabe, zu Beginn ihre unangenehme Pflicht und das Wunschelement zu nennen, ansonsten still zu sein und gut hinzuhören. Die Ideen der anderen werden von Person A nicht kommentiert. Deswegen hat Person A ein Pflaster auf dem Mund und große Ohren. Die Personen B, C und D haben die Aufgabe, Ideen zu den Wunschelementen zu spenden. Bei der Ideenspende ist es wichtig, dass nur positive Ideen zum Wunschelement geäußert werden, da das Unbewusste diese Wunschelemente der Person A als positive Lösung für den Lernbedarf

Flipchart Ideenkorb

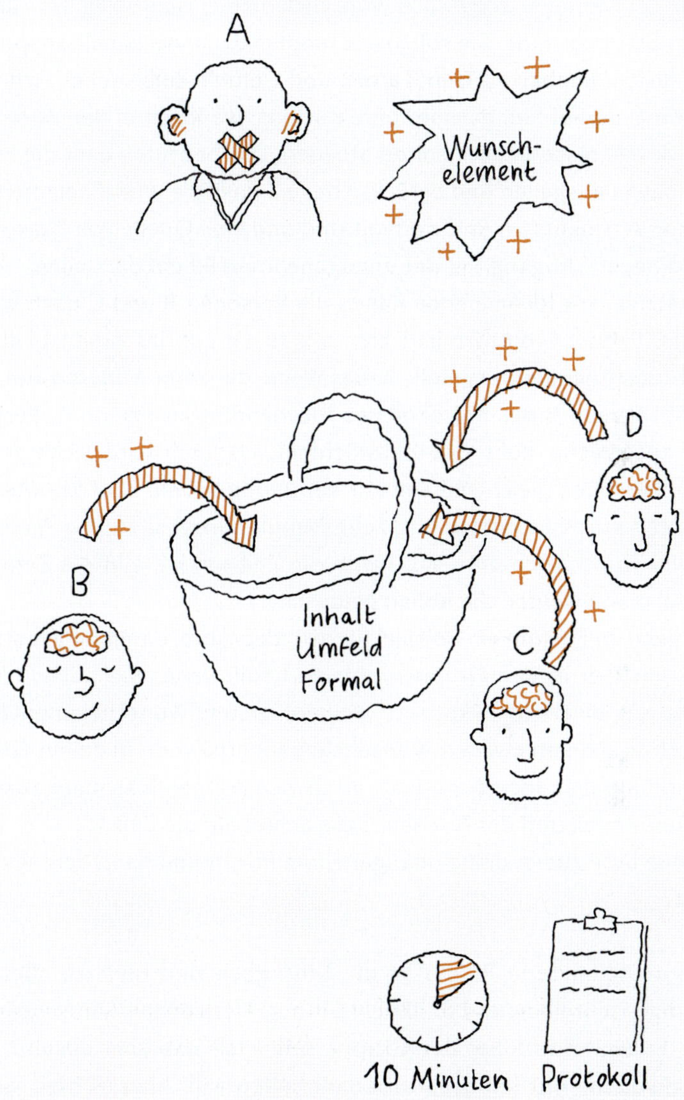
A
Wunsch-
element
D
B
Inhalt
Umfeld
Formal
C
10 Minuten
Protokoll

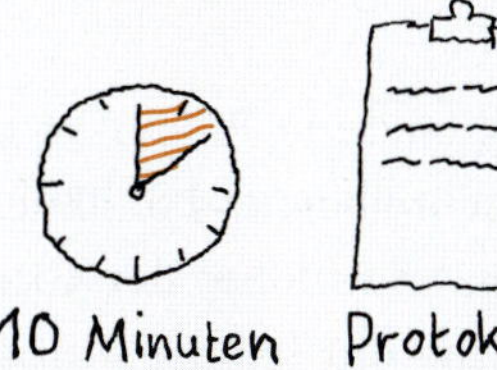

geschickt hat. Dies symbolisieren die Pluszeichen, die ich hier auf das Flipchart gezeichnet habe. Seid bitte bei diesem Punkt wirklich sorgfältig. Selbstverständlich kann man zu einem Wunschelement auch negative Ideen haben, aber diese werden nicht geäußert, nicht in den Ideenkorb gegeben. Die Assoziationen der Fremdgehirne zu den Wunschelementen sind völlig frei – ähnlich wie beim Brainstorming. Sie sollen alle möglichen Sinneskanäle ansprechen und Fantasien, Beobachtungen, Farben und Gefühle einbeziehen. Ich weise noch einmal darauf hin, dass ihr bitte nur positive Ideen in den Korb spendet, da wir hier ressourcenorientiert arbeiten. Das bedeutet, dass die Fremdgehirne davon ausgehen und berücksichtigen, dass die Wunschelemente für die Person A bedeutsam und wertvoll sind und eine Quelle von Ressourcen für einen neuen Umgang mit der unangenehmen Pflicht darstellen.

Zusätzlich zur Ideenspende haben die Personen B und C noch weitere Aufgaben. Person B protokolliert bitte alle Ideen auf das Arbeitsblatt, welches ich euch gerade ausgeteilt habe. Wenn die zehn Minuten um sind, überreicht Person B das Protokoll des Ideenkorbes an Person A. Person C hat die zusätzliche Rolle des Zeitwächters. Dadurch wird sichergestellt, dass alle Personen gleich viel Zeit zur Verfügung haben. Fünf Minuten gibt es für Ideen pro Wunschelement, zehn Minuten insgesamt pro Person, da jeder zwei Wunschelemente hat. Wenn die Zeit um ist, gibt die Zeitwache ein Signal, dann werden die Rollen getauscht.

Ich gebe im Plenum ein Beispiel für den Ideenkorb, damit ihr genau seht, wie das nachher in den Gruppen ablaufen soll. René, wie wär's mit dir? Möchtest du einen Ideenkorb zu deinem ersten Wunschelement? Den Ideenkorb zu deinem zweiten Wunschelement erhälst du in deiner Gruppe. Dann gib bitte dein Ideenkorb-Blatt an deinen rechten Nachbarn zum Protokollieren weiter, und der Nachbar links achtet auf die Zeit.

Nenne bitte zuerst deine unangenehme Pflicht und dann dein Wunschelement.

«Meine unangenehme Pflicht ist die Büroarbeit und hier vor allem das Rechnungenschreiben und die Buchhaltung. Mein erstes Wunschelement ist eine Eule», teilte René der Gruppe mit. «Ich hab aber absolut keine Ahnung, wie die mir bei der Büroarbeit helfen soll. Aber es hieß ja, dass ich das jetzt noch nicht wissen muss. So, und nun? Ach ja, schweigen und zuhören, das ist einfach», lachte René.

Ideenkörbe zu meinen Wunschelementen von René

Arbeitsblatt

Meine unangenehme Pflicht:

Büroarbeit, Rechnungen und Buchhaltung

Wunschelement 1: Eule

gute Augen, kann in der Nacht ihre Beute erspähen, breiter Flügelschlag, Rundumblick, weise, allwissend, geheimnisvoll, klug, Geschöpf der Nacht, Flügelschwingen, lautloser Flieger, fängt fette Mäuse, Flügel ausbreiten, nachtaktiv, ruhig, in sich ruhend, geheimnisvoller Blick, Wappentier, Jäger in der Nacht, gut getarnt im Wald

Wunschelement 2: Berggipfel

Überblick, wandern, frische Luft, nah an den Wolken, Panoramasicht, Ausblick als Lohn für den Aufstieg, Seilschaften, Vertrauen auf andere Bergsteiger, Ausdauer, Schweiß und Kraft, jeden Muskel spüren, Höhepunkt der Wanderung, hohe Anforderung an den Kletterer, in der Natur, dem Himmel ganz nah sein, Gipfelwein, durchatmen, die Spitze erreichen, Ausblick genießen

Ideenkörbe zu meinen Wunschelementen

Arbeitsblatt

Meine unangenehme Pflicht:

....

....

Wunschelement 1: ....

....

....

....

....

....

....

....

....

....

Wunschelement 2: ....

....

....

....

....

....

....

....

....

....

Ideenkörbe zu meinen Wunschelementen von Evelyne

Arbeitsblatt

Meine unangenehme Pflicht:

Ablage, Steuererklärung, lähmende Aufgaben

Wunschelement 1: Wolf

Instinkt, Rudeltier, Wolfsnase, Spur verfolgen, zielsicher, schnappt sich seine Beute, fackelt nicht lange, aufmerksam, wacher Blick, Naturinstinkt, treuer Begleiter, Einzelgänger, achtet auf seine Bedürfnisse, Überlebenskünstler, geheimnisvolles Tier, graues Fell, zum Sprung ansetzen

Wunschelement 2: Fußball

Teamgeist, Sport, Wettkampf, Taktik, ins Tor schießen, kräftiger Schuss, Ballgespür, im richtigen Moment kicken, Spurt, Ausdauer, feste Regeln, Spaß, Publikum feuert an, Fankurve, Gemeinschaftssport, Identitätsgefühl, Trikot, Fußballtrainer muss die Fähigkeiten der Spieler kennen und richtig einsetzen

Ideenkörbe zu meinen Wunschelementen von Jasmin

Arbeitsblatt

Meine unangenehme Pflicht:

Masterarbeit schreiben

Wunschelement 1: meine Vespa

Tempo reduzieren, auf Spur fahren, Lebensgefühl, Spaß haben, der Umgebung angepasst fahren, Wind im Haar, beweglich, Kurven fahren, Sommerurlaub in Italien, bremsbereit, Beförderungsmittel mit Spaßfaktor, Sommerwind, sexy, die Hände am Steuer, wissen, wohin man fährt, schnell vorwärtskommen, auf die anderen Verkehrsteilnehmer achten und diese gut im Auge behalten

Wunschelement 2: Strand

Sand, Meer, Muscheln, salzige Haut, Palmen, Unterwasserwelt, Tauchen, abtauchen, Liegestuhl, Massage, Surfschule, Wellen und Wind, Caipirinha, Sonne, Wärme, Entspannung, Luftmatratze, Freiheit, Schwimmen, Unendlichkeit, warmer Sand zwischen den Zehen, die große Welle reiten, ferne Inseln, Hängematte

Ideenkörbe zu meinen Wunschelementen Von Brigitte

Arbeitsblatt

Meine unangenehme Pflicht:

Englisch lernen

Wunschelement 1: Tennis

Einzelkämpfer, im Doppel, Wettbewerb, Wettkampf, Pokale gewinnen, Beweglichkeit, langer Atem, Ausdauer, Aufschlag durchziehen, übers Netz schlagen, Spaß, Siegerprämie, Kräfte einteilen, dynamischer Sport, berechnen, wo der Ball hinfällt

Wunschelement 2: Pferd

elegant, ausdauernd, keine hohen Ansprüche, genügsam, stark, geschickt, fügsam, treu, verlässlich, belastbar, Herdentier, im Galopp reiten, über die Felder galoppieren, abenteuerlich, auf dem Rücken der Pferde liegt das Glück der Erde, zuverlässiger Gefährte, wiehern, schwarzer Hengst

Ideenkörbe zu meinen Wunschelementen von Martin

Arbeitsblatt

Meine unangenehme Pflicht:

Regelmäßig Sport im Fitnesscenter

Wunschelement 1: Winnetou

Indianer, Rothaut, Old Shatterhand, Federschmuck,
Blutsbrüderschaft, kluger Führer, geschmeidig, ausdauernd,
genügsam, unsichtbar und unhörbar für andere,
kennt sich in seinem Gebiet aus, weiß um seine Kräfte,
beharrlich, Meister im Spurenlesen, verfolgt beharrlich auch
über mehrere Tage seine Beute, Instinkt

Wunschelement 2: Puma

schneller Sprinter, kann hoch springen, guter Kletterer,
elegant und schön, katzenhaft, Einzelkämpfer, guter Jäger,
erfolgreich, hat seine Beute im Blick, Selbstversorger,
starke Muskeln, schönes Fell, amerikanisches Raubtier

Ideenkörbe zu meinen Wunschelementen von Wolfgang

Arbeitsblatt

Meine unangenehme Pflicht:

Kritikgespräche mit Mitarbeitern

Wunschelement 1: Schwein

grunzen, rosa, quietschig, Glücksbringer, schlaues Tier, Minipig als Haustier, lieber Charakter, freundlich und neugierig, Gemeinschaftstiere, quietschfidel, frech, Steckdosennase, Allesfresser

Wunschelement 2: Hirte

bewacht seine Herde/seine Schäfchen, ruhig und besonnen, Beschützer, sorgt sich väterlich um seine Herde, führt sie auf satte Weiden, kennt seine Schäfchen, Hirtenstock, weiß, was gut ist für die Herde, dirigiert in die gewünschte Richtung, schreitet voran, führt sie über steinige Pfade, die Herde vertraut ihm blind

Also doch der Wolf, dachte Evelyne, hätte ich nicht geglaubt, dass so viel Spannendes und Schönes in diesem Tier steckt. Allein wäre ich wohl nie auf diese Ideen gekommen. Erst war mir ja die Vorstellung, in der Gruppe von dem Wolf zu erzählen, etwas unangenehm, aber als René mit seiner Eule kam, war das unangenehme Gefühl wie weggeblasen. Und wieso konnte die Kursleiterin sehen, dass ich Zweifel hatte, ob ich mit meinem Wolf richtig liege? Sieht man mir wirklich alles sofort an? Da muss ich nachher gleich mal Brigitte fragen, das will ich nun wirklich nicht, für andere ein offenes Buch sein. Aber wahrscheinlich war das ein somatischer Marker, den man mir da ansehen konnte, genauso wie bei den Ideen, die in meinem Korb landeten, da hatte ich bei einigen richtig Freude. Hoffentlich geht's gleich weiter, ich will unbedingt wissen, was ich jetzt damit anfangen kann. Fußball war auch nicht schlecht, zielsicher und ins Tor hämmern, find ich prima, aber wenn ich mich entscheiden muss, dann ganz klar für den Wolf. Ich werde am Wochenende mit den Kindern auf jeden Fall in den Wildpark gehen, mal sehen, ob ich mich jetzt näher ans Wolfsgehege traue als bisher.

«Und wie sollen wir das machen, wenn wir das Ganze zu einem anderen Thema machen wollen und wir keine solche Gruppe von Ideenspendern zur Verfügung haben?», meldete sich Brigitte.

Auch das ist kein Problem, Brigitte. Wenn ihr später einmal einen neuen Ideenkorb zu einem anderen Thema braucht, sucht ihr euch einfach unter euren Freunden und Bekannten die Ideenspender aus. Dann könnt ihr schön mit Blatt und Stift bewaffnet nacheinander von verschiedenen Personen die Ideen in eurem Körbchen sammeln. Oder aber ihr verschickt das Bild von eurem Wunschelement per Mail und bittet um ein paar Ideenspenden, das klappt auch sehr gut. Wichtig ist nur, dass ihr eure Ideenspender darauf hinweist, dass ihr ausschließlich an positiven Ideen zu eurem Wunschelement interessiert seid.

Nachdem ihr jetzt alle zwei Ideenkörbe erhalten habt, folgt als nächster Arbeitsschritt die Auswertung eurer reichhaltigen Ernte. Ihr habt vielleicht schon selbst bei der Sammlung gemerkt, dass euch einige Ideen mehr und andere weniger angesprochen haben, manche waren vielleicht auch neutral. Ihr konntet wahrscheinlich auch bei den anderen beobachten, was ihnen gefällt und was nicht. Das waren die somatischen Marker, die sich da gezeigt haben. Und die wollen wir uns jetzt zunutze machen, um die Ideenkörbe auszuwerten. Ihr erinnert euch sicher noch daran, was ich heute Morgen über die Aufgabe der somatischen Marker erzählt habe. Sie sind die Sprache unseres Unbewussten und können uns bei Entscheidungen unterstützen, wenn es darum geht herauszufinden, ob etwas gut oder schlecht für uns ist.

Affektbilanz

Die landläufige Meinung zu guten und schlechten Gefühlen stellt sich als eine zusammenhängende Linie dar, bei der das Gegenteil von schlecht gut ist, es mir also immer besser gehen müsste, je weiter ich mich vom Schlechten entferne. Wie ich euch bereits bei den Ausführungen zur PSI-Theorie gesagt habe, benutzt die Wissenschaft dagegen zwei getrennte Skalen zur Darstellung von positiven und negativen Affekten, da die entsprechenden anatomischen Strukturen im Gehirn, die positive und negative Affekte erzeugen, an zwei verschiedenen Stellen verortet sind. Das ist übrigens der Grund, warum man gemischte Gefühle haben kann, wenn zu einer Sache, Situation oder Person sowohl positiver als auch negativer Affekt aktiviert wird.

Deswegen arbeiten wir ebenfalls mit zwei Affektskalen. Hier links ist die Skala für den negativen Affekt. Sie geht von schwachem bis zu starkem negativem Affekt. Rechts seht ihr die Affektskala für den positiven Affekt, für schwachen bis starken positiven Affekt.

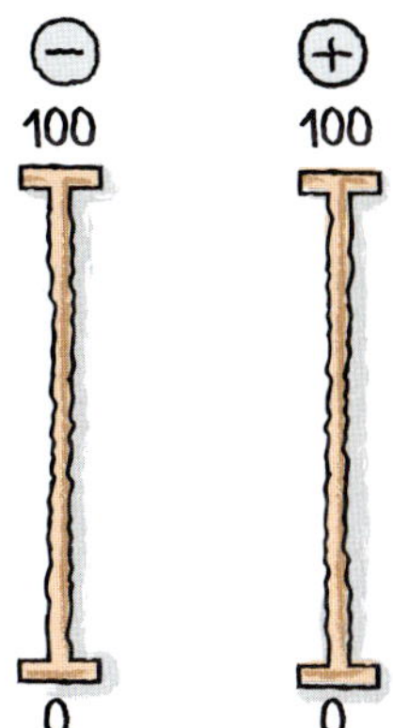

Wir machen nun eine kleine Übung, damit euch diese Affektbilanz und die Arbeit mit den beiden Affektskalen etwas vertrauter werden. Nennt mir mal bitte Situationen aus dem ganz normalen Leben, die starken negativen Affekt und schwachen positiven Affekt aufweisen.

Starker negativer Affekt

Sehr gut, und jetzt bitte Affektsituationen, die starken positiven Affekt und nur ganz schwachen negativen Affekt aufweisen.

Starker positiver Affekt

Vielleicht ist euch aufgefallen, dass verschiedene Menschen zu den hier genannten Wörtern durchaus unterschiedliche Affektbilanzen haben können. Beispielsweise kann beim Wort «Sonne» nicht nur ein positiver Affekt, sondern können auch Bilder von Sonnenbrand und Hitze ausgelöst werden, also gleichzeitig auch etwas auf der negativen Affektskala. Diese individuellen Unterschiede bei der Bewertung einer Sache, eines Wortes oder einer Situation sind vollkommen normal. Da die Gefühlsbewertung aus dem emotionalen Erfahrungsgedächtnis herrührt, das durch die unterschiedlichen Lebenserfahrungen sehr individuell geprägt und aufgebaut ist, kommen bei uns ganz verschiedene Affektlagen zum selben Wort zustande.

Mal sehen, welche Erfahrungen ihr bei der nächsten Affektbilanz habt. Nennt mir nun bitte Situationen oder Wörter, die bei euch gleichzeitig starke positive und starke negative Affekte aufweisen.

Starke gemischte Affekte

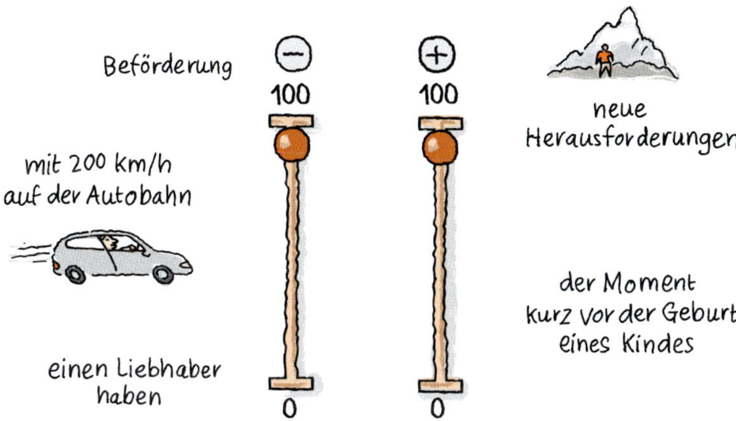

Und zum Schluss gebt mir bitte ein paar Ideen für Situationen, die nur schwache Affekte auslösen. Das sind all solche Dinge, bei denen ihr das Gefühl von Gleichgültigkeit habt, bei denen ihr denkt «Das ist mir egal». Es können aber auch alltägliche Routinesituationen sein.

Schwache gemischte Affekte

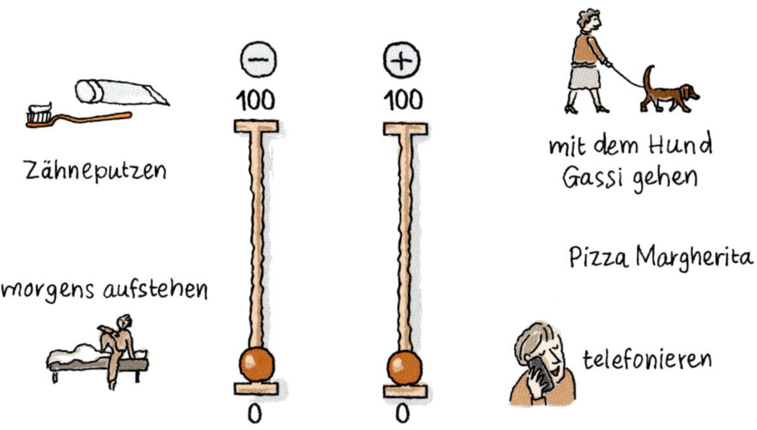

Also kann ich gleichzeitig zwei unterschiedliche Gefühle zu einer Situation haben, das sind dann die berühmten gemischten Gefühle, und die kenne ich sehr gut, dachte Evelyne. Jetzt verstehe ich auch, warum es mir manchmal so schwerfällt, eine Entscheidung zu treffen. Da gibt's dann offensichtlich immer noch etwas Negatives, die Sache hat einen Beigeschmack, der mich zum Nachdenken bringt. Und je länger ich über eine Sache nachdenke, desto weniger kann ich mich dann entscheiden und zügig handeln. Aber auch wenn ich mich schon manchmal daran gestört habe, dass ich immer länger brauche als andere, dieses Zögern hat mich auch schon oft davor bewahrt, etwas Unüberlegtes zu tun oder einen unnützen Spontankauf zu machen. Aber schneller in das Handlungs-System wechseln zu können, wäre wirklich manches Mal gut. Mal sehen, ob und wie mir mein Wolf dabei helfen kann.

Für den nächsten Arbeitsschritt, die Auswertung der Ideenkörbe, brauchen wir nun diese Affektskalen. Streicht bitte alle Ideen, Wörter oder Sätze an, die eine Affektbilanz von –0 und mindestens +70 haben. Das sind eure Lieblingsideen und die ersten Hinweise darauf, welchen Vorschlag euch euer Unbewusstes mit den Wunschelementen schicken will. Nehmt jetzt bitte das Ideenkorb-Blatt und markiert all eure Lieblingsideen, auf die die Affektbilanz von –0 und mindestens +70 zutrifft. Da diese Entscheidung wieder einmal vom Unbewussten und nicht vom Verstand getroffen werden soll, gebe ich euch auch nur zwei Minuten Zeit für diese Aufgabe.

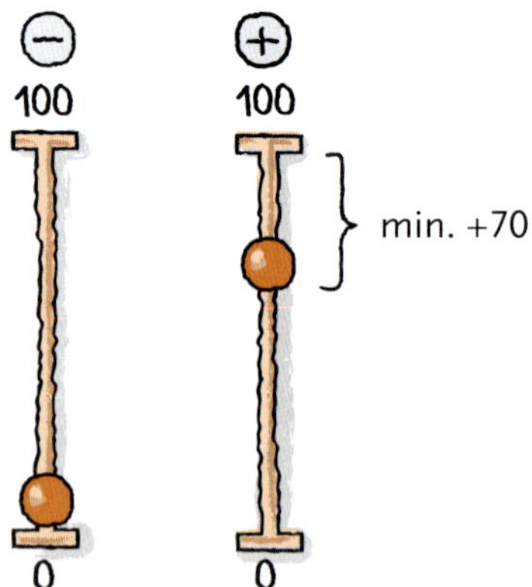

Lieblingsideen aus den Ideenkörben

Evelyne

Zu Wolf: Wolfsnase, Spur verfolgen, zielsicher, schnappt sich seine Beute, zupacken

Zu Fußball: Taktik, im richtigen Moment, Ausdauer

Jasmin

Zu Vespa: Spaßfaktor, Wind im Haar

Zu Strand: Wellen und Wind, Freiheit, die große Welle reiten

Brigitte

Zu Tennis: Pokale gewinnen, langer Atem, Aufschlag, durchziehen, Kräfte einteilen

Zu Pferd: ausdauernd, stark, geschickt, verlässlich, belastbar

René

Zu Eule: kann in der Nacht ihre Beute erspähen, Rundumüberblick, weise, geheimnisvoll, klug, fängt fette Mäuse, Eulenaugen

Zu Berggipfel: Überblick, frische Luft, nah an den Wolken, Lohn für den Aufstieg, durchatmen

Martin

Zu Winnetou: beharrlich, Meister im Spurenlesen, ausdauernd, geschmeidig

Zu Puma: elegant und schön, katzenhaft, schneller Sprinter

Wolfgang

Zu Schwein: grunzen, rosa, quietschig, lieber Charakter, freundlich und neugierig, frech

Zu Hirte: bewacht seine Herde / seine Schäfchen, ruhig und besonnen

Die zwei Minuten sind um, jetzt nehmt bitte das nächste Arbeitsblatt zur Hand und übertragt hierauf eure Lieblingsideen, die ihr gerade auf eurem Ideenkorb-Blatt angekreuzt habt. Während ihr von den Gruppenmitgliedern die Ideenkörbe zu euren Wunschelementen erhalten habt, hattet ihr ja die Aufgabe, zu schweigen und gut zuzuhören. Nun kann es sein, dass euch selbst noch eigene Ideen eingefallen sind, die die anderen nicht genannt haben. Falls diese eigenen Ideen auch zu euren Lieblingsideen gehören, also eine Affektbilanz von −0 und mindestens +70 aufweisen, notiert ihr diese auch auf dem nächsten Arbeitsblatt.

Meine Lieblingsideen aus den Ideenkörben

Arbeitsblatt

Dies sind meine Lieblingsideen aus den Ideenkörben (und eigene Ideen) zu meinen Wunschelementen, die eine Affektbilanz von –0 und mindestens +70 aufweisen:

Ich wurde eben von Jasmin gefragt, wie es nun weitergeht, was sie mit den Lieblingsideen anfangen soll. Mit ein paar schönen Ideen allein kann sie schließlich noch keine Masterarbeit schreiben, auch wenn das Seminar ihr bisher viel Spaß gemacht hat, wie sie sagte. Hier also ein kleiner Hinweis an alle Ungeduldigen: Wir haben noch nicht einmal die Hälfte unseres Seminars hinter uns gebracht, also habt bitte Geduld, die Unklarheiten werden bald behoben sein.

«Das hätte von meinem Mann kommen können», platzte Evelyne in die Runde, «er kann auch nicht warten, wüsste am liebsten schon vor Beginn, was am Ende kommt.» Jasmin kicherte und meinte, Evelynes Mann sei ihr schon jetzt sympathisch, wenn man gleich das Ende wüsste, würde man manches Mal weniger Zeit mit einer Sache verschwenden, die den Aufwand nicht lohnt. Aber sie müsse zugeben, Geduld sei nun wirklich nicht ihre Stärke, darüber habe sie auch schon oft Streit mit ihren Eltern gehabt.

Jetzt machen wir aber erst einmal Kaffeepause, bevor wir zum letzten Arbeitsschritt für heute kommen. So lange musst du dich noch gedulden, Jasmin.

In der Pause erfuhr Evelyne von Wolfgang, dass bei ihm zu Hause schon fünf vor zwölf sei und seine Frau ihm gedroht hatte, am Ende des Monats ihre Arbeit in der Firma hinzuschmeißen, wenn er nicht sofort etwas ändern würde. Sie erledigte die Buchhaltung und war die gute Seele des Betriebs, zu ihr kamen alle Mitarbeiter, wenn sie Sorgen hatten, die sie mit ihrem Chef, also mit ihm, nicht besprechen wollten, vor allem, wenn es um den Ärger untereinander ging. Seine Frau knallte ihm die Annonce auf den Schreibtisch und sagte, dass das seine letzte Chance sei. Sie hatte es endgültig satt, immer wieder Streitigkeiten schlichten zu müssen. Die Zeit sei überreif, dass er ein Machtwort spricht und sich endlich wie ein richtiger Chef verhält, nicht wie ein Kumpel, meinte sie. Die Diskussionen um Wolfgangs Gutmütigkeit führten sie schon seit Jahren, aber er beruhigte sie immer wieder und versprach Besserung, änderte aber nichts an seinem Verhalten. Stattdessen bat er seine Mitarbeiter, mit dem Streiten aufzuhören, was sie ihm auch abnickten, aber leider nie lange einhielten.

Wolfgang selbst war mit der familieninternen Aufteilung zwischen ihm und seiner Frau ganz zufrieden, wusste aber genau, dass er die Arbeit ohne seine Frau nicht schaffen würde. Und jetzt war er ernsthaft in Sorge, dass er wieder dabei scheitern würde, etwas an seiner Art und seinem Umgang mit den Mitarbeitern zu ändern.

«Eigentlich mache ich mir nie Sorgen, ich weiß, dass am Ende alles gut geht. Und wenn wirklich mal was schiefgeht, fällt mir immer ein Ausweg ein. Aber hier kenn ich mich nicht aus, mit Unterbewusstsein und Psyche und so hab ich mich noch nie beschäftigt, da hab ich null Erfahrung, und das macht mich unsicher. Und dann noch den Druck von meiner Frau im Nacken, so beschissen wie jetzt habe ich mich schon lange nicht mehr gefühlt. Hoffentlich lerne ich in diesem Seminar was, damit zu Hause wieder Ruhe einkehrt. Aber wie heißt ein russisches Sprichwort so treffend: Die Hoffnung stirbt zuletzt.» Wolfgang schob sich genüsslich ein großes Stück Schwarzwälder Kirschtorte in den Mund und war schon wieder fröhlich.

So sieht also Selbstberuhigung aus, dachte sich Evelyne, eine Volksweisheit zitieren und Torte essen, ja, wenn das nur so einfach wäre. Ich brauche da mit Sicherheit etwas anderes. Und wenn man sieht, in welche Situation sich Wolfgang mit seiner Seelenruhe manövriert hat, kann das auch nicht der Weisheit letzter Schluss sein.

Solch unsensibles Verhalten kannte sie nur zu gut von ihrem Mann, der auch immer wieder erstaunt war, was sie alles im Voraus ahnte, das dann auch tatsächlich eintraf. Missstände, die sie förmlich anschrien, Dinge, die offensichtlich falsch liefen, fielen ihm nicht auf, waren für ihn völlig okay. Und wenn dann die erwartete Katastrophe eintraf, war er völlig überrascht und hilflos. Dann war wieder sie gefragt, Schlimmeres zu verhüten und die Wogen zu glätten.

Ganz klar, zu viel Hemmung des negativen Affekts ist auf Dauer ungesund, auch wenn solch eine Seelenruhe auf den ersten Blick beneidenswert scheint. Morgen Abend bin ich sicher eine Expertin im Erkennen von verschiedenen Stimmungslagen, und hoffentlich bin ich dann auch eine Expertin im Steuern meiner Affekte, überlegte sie und rührte nachdenklich in ihrem Kaffee.

Absichtsformulierung

Da ihr ja vermutlich alle wissen wollt, wie es weitergeht, beginnen wir doch gleich mit dem nächsten Schritt. Diese Lieblingsideen sind eine erste zaghafte Übersetzung dessen, was euch euer Unbewusstes an positiven Ideen zu eurem Lernbedarf geschickt hat. Damit allein könnt ihr wahrscheinlich noch nicht so viel anfangen. Jetzt ist der Moment, in dem ihr euren Verstand endgültig aus den Ferien zurückholen dürft, nun ist sein Einsatz gefragt. Er soll euch dabei helfen, mit diesen Lieblingsideen einen oder mehrere verständliche Sätze zu formulieren, euch eine neue Absichtsformulierung zu eurer unangenehmen Pflicht zu überlegen. Der nächste Schritt des Seminars wird euch von dem Wunschelement über die Lieblingsworte zu einer ersten Fassung einer Absicht bringen, wie ihr euch bezüglich eurer unangenehmen Pflicht neu fühlen wollt. Ihr werdet am Ende eure unangenehme Pflicht mit einer anderen Affektlage ausführen. Ihr aktiviert für das Erledigen eurer Pflicht im Sinne der PSI-Theorie ein anderes System als bisher, und zwar genau dasjenige, welches ihr benötigt, um erfolgreich eure Pflicht zu bewältigen.

Auf dem nächsten Arbeitsblatt sind bereits drei mögliche Satzanfänge formuliert, die ihr bitte ergänzen sollt. Ihr habt dann noch Platz für eine eigene Version, falls euch noch etwas Eigenes einfällt. Bildet bitte mit euren Lieblingsideen und den Wunschelementen drei vollständige Sätze, in denen zum Ausdruck kommt, wie ihr künftig auf eure Pflicht bezogen handeln wollt, wie ihr euch fühlen wollt oder wie ihr sein wollt. Dies ist, wie schon gesagt, nur eine erste Fassung, wir werden heute und morgen noch daran feilen. Das Unbewusste arbeitet mit Bildern. Versucht deshalb, möglichst bildhaft und blumig zu formulieren. Je bunter und fröhlicher, desto besser und lustvoller ist dann das Gefühl, das daraus entsteht.

Ich will mich fühlen wie… Ich habe mich das nie gefragt, dachte Evelyne. Sicher, es gab immer wieder Zeiten, in denen sie sich nicht wohlfühlte in ihrer Haut, sich gern anders gefühlt hätte, aber eine konkrete Idee, wie sie sich stattdessen fühlen wollte, kam ihr da nie in den Sinn. Ruhiger und gelassener, das wäre gut, kraftvoller und energiereicher, auch gut. Je länger sie darüber nachdachte, desto stärker drängte sich der Gedanke in den Vordergrund, dass sie sich sicherer und bestimmter in ihren

Meine Absichtsformulierung im Umgang mit meiner unangenehmen Pflicht

Arbeitsblatt

1. Variante:

Ich will mich fühlen, wie ....

....

....

2. Variante:

Ich will handeln, wie ....

....

....

3. Variante:

Ich will sein, wie ....

....

....

4. Eigene Variante:

....

....

....

Entscheidungen fühlen wollte, unbeirrbar und dadurch auch zupackender, eigentlich so ähnlich wie ihr Mann in solchen Situationen. Nein, nicht wie mein Mann, auf keinen Fall, jetzt ist endgültig Schluss damit, dass mir immer wieder mein Mann in den Sinn kommt, wenn ich nicht weiterkomme mit meiner Art, ärgerte sie sich. Ab heute, ab jetzt sofort würde sie selbst alle Eigenschaften erfüllen, die nötig sind, um ein selbstbestimmtes Leben zu führen, und zwar in ihrem Stil. Alles, was sie dazu brauchte, wäre der sichere Umgang mit ihren Affekten, und mit der entsprechenden Anleitung konnte das Rauf- und Runterregulieren ja wohl nicht so schwer sein.

Ihr habt noch zwei Minuten für das Ausfüllen, dann machen wir weiter.

Die Seminarleiterin riss Evelyne aus ihren Gedanken. Sofort spürte sie Panik in sich aufsteigen. Wie sollte sie das schaffen, in zwei Minuten. Ich dachte, das hier sei jetzt Verstandesarbeit, dann brauchen wir doch mehr Zeit, um gründlich nachdenken zu können. Innerhalb von Sekunden fühlte sie gleichzeitig Ärger, Wut, Empörung und Hilflosigkeit in sich aufsteigen, aber nichts davon war ihr jetzt hilfreich. Den negativen Affekt senken, mehr nicht, nur einfach den negativen Affekt senken, und die Ruhe und der Überblick würden sich ganz von allein einstellen, erinnerte sich Evelyne. Moment mal, ich bin ja auf dem völlig falschen Weg. Ich soll Sätze mit meinen Lieblingsideen und Wunschelementen bilden und nicht über meinen Mann und Affektregulation nachdenken. Und während sie diesen letzten Gedanken noch nicht zu Ende gedacht hatte, schaute sie auf ihr Ideenkorb-Blatt und wusste in diesem Moment, was sie tun würde. Da die Zeit nicht mehr für alle Sätze reichen würde, beschloss sie, nur einen auszuformulieren, Anweisung hin oder her, einer würde ausreichen, um weiterzuarbeiten. Ärger, Wut, Empörung und vor allem das Gefühl der Hilflosigkeit lösten sich in Luft auf, und eine kraftvolle und konzentrierte Ruhe durchströmte sie. *Ich will handeln wie ein Wolf, der zielsicher die Spur verfolgt und sich seine Beute schnappt.*

So, die Zeit ist um, jetzt machen wir eine kleine Blitzrunde, in der jeder eine der drei Absichtsforumulierungen, seinen Lieblingssatz vorliest. Evelyne fängt bitte an.

Normalerweise wäre ihr dieser Moment unangenehm gewesen, sie konnte es schon in der Schule nicht leiden, dranzukommen, nach vorne gehen zu müssen und vor allem anfangen zu müssen. Aber ihre Wolfsruhe war immer noch da, und so konnte sie gelassen und souverän den Anfang machen. Danach lehnte sie sich zurück und wartete gespannt darauf, was sich die anderen ausgedacht hatten.

Jasmin hatte zu jedem Satzanfang eine Fortführung geschrieben und noch drei eigene entwickelt. Nun hatte sie Mühe, sich für einen zu entscheiden, schließlich beschrieben ja alle eine gewünschte Änderung, und jeder einzelne war ihr lieb und wichtig. Ob sie nicht alle vorlesen dürfe? Da die Seminarleiterin sie bat, in der Plenumsrunde nur eine Absichtsformulierung vorzulesen, entschied sich Jasmin in einer für Evelyne unvorstellbaren Geschwindigkeit für einen Lieblingssatz, eine eigene Variante – *Auf meiner Vespa mit Wind im Haar zum Strand fahren, um die große Welle zu reiten* – und blieb dabei fröhlich und zufrieden. «Wenn ich im Sommer mit meiner Vespa zum See fahre, dann kann mich nichts aufhalten, da schalte ich sogar mein Handy ab. Denn dort gibt's nur surfen, surfen, surfen für mich, nix anderes. Und so müsste das auch mit meiner Masterarbeit laufen, einfach dranbleiben. Nur leider macht mir die nicht so viel Spaß wie surfen, das ist wohl das Problem», lachte sie.

Es schien Jasmin überhaupt nichts auszumachen, dass sie sich von ihren anderen Sätzen trennen musste, an denen sie doch offensichtlich auch hing. Das hätte ich nicht gekonnt, nicht in dieser Geschwindigkeit und nicht ohne anschließend darunter zu leiden, dachte Evelyne. Mich von etwas Liebgewonnenem zu trennen, fällt mir schwer, aber anderen offensichtlich nicht. Ich muss irgendwann mal mit Jasmin darüber sprechen, warum ihr das so leichtgefallen ist, vielleicht kann sie mir ja erklären, wie das geht.

Brigitte wählte als Absichtsformulierung beim Englischlernen den Lieblingssatz *Ich will handeln wie beim Tennis, den Aufschlag durchziehen und ausdauernd spielen.* «Das wäre bei dieser Sache wirklich hilfreich, einfach nur zu reagieren, gar nicht erst drüber nachzudenken und zu überlegen, ob man Lust dazu hat, fit genug ist oder durchhalten kann. Kann man ja während des Matchs auch nicht, da steht man unter Strom und muss schnell reagieren und ebenfalls ausdauernd sein. Wenn das Spiel gut läuft, ist man so richtig im Fluss, immer in Bewegung – eben: ausholen und durchziehen. Und am Schluss gewinnen», lachte sie, «das gehört natürlich auch dazu.»

«Dann schreib das auch noch dazu, das mit dem Gewinnen», forderte René sie auf, «das scheint dir gut zu gefallen, wenn ich dich so ansehe.» Brigitte rieb sich die Stirn: «Das habe ich ja sogar als Lieblingswort bei ‹Pokale gewinnen›, aber irgendwie ist mir das verloren gegangen, danke, René, dass du mich darauf aufmerksam gemacht hast.» Brigitte veränderte daraufhin ihre Lieblingsvariante in *Ich will handeln wie beim Tennis, den Aufschlag durchziehen, ausdauernd spielen und Pokale gewinnen.*

«*Ich will sein wie ein Hirte, der auf seine Herde achtet.* Der Satz gefällt mir noch am ehesten», brummelte Wolfgang und kratzte sich am Kopf. «Aber ganz zufrieden bin ich nicht, ich tu mich da echt schwer. Da fehlt ja wieder das Bissige, mit so was Bravem muss ich meiner Frau nicht heimkommen. Eigentlich müsste ich der Hund sein, der die Herde in Schach hält und anbellt, wenn's sein muss. Oder soll ich besser meine eigene Kreation nehmen? *In meinem Schweinestall grunzen alle fröhlich.* Das wär mir das Liebste, alle grunzen fröhlich, und jeder weiß, was er schaffen muss. Ich muss nur Futter verteilen.»

Auf die Frage, warum er nicht auch der Hund sein könne, erklärte Wolfgang, dass er schon bei dem Gedanken, andere anbellen und herumtreiben zu müssen, Bauchweh bekomme. So sei sein Vater gewesen, so

hätte er seine Lehrzeit erlebt und sich damals schon geschworen, nie rumzubrüllen. Alle hatten Angst vor den Wutausbrüchen seines Vaters, wegen jeder Kleinigkeit hatte es mächtig Ärger gegeben, und dementsprechend war auch die Stimmung in der Firma. Er sei auch ein ganz anderer Typ, komme eher nach seiner Mutter, brauche die gute Stimmung im Betrieb und in der Familie, meinte Wolfgang. Genau deshalb sei er hier, eben darum, weil er immer zu gutmütig und die Stimmung zu Hause mittlerweile sehr angespannt sei. Nur deshalb sei er hier, weil ihm das so zu schaffen mache, der Ärger mit seiner Frau. Die einzige Lösung dafür sah er darin, dass er doch so wird wie sein Vater, laut und herrisch. Aber genau das wollte er ja nicht, und deshalb hatte es ja auch nie funktioniert, wenn er es sich vorgenommen hatte. Wolfgang sah ziemlich verzweifelt in die Runde, als er abschließend murmelte: «Auf freundliche Art kritisieren, das würde ich hier gern lernen, aber so, dass es meine Arbeiter auch kapieren.»

Die Kursleiterin gab Wolfgang den Hinweis, dass er später wieder Ideen von den anderen erhalten werde und dass es bei diesem Schritt um eine Annäherung gehe, damit auch sein Verstand einsehe, wie er, Wolfgang, in Zukunft neu mit der Pflicht umgehen könne. Die Erkenntnis, dass er auf freundliche und verständliche Art kritisieren wolle, sei schon eine gute Vorlage für die spätere Gruppenarbeit, so die Kursleiterin.

«Ja, wenn das so ist, dann wart ich halt noch ein bisschen», lehnte sich Wolfgang entspannt in seinem Stuhl zurück.

Guck mal an, dachte Evelyne erstaunt, diese immer ruhigen Buddhas haben ja doch ein Innenleben, machen sich auch Gedanken und Sorgen und reden sogar darüber. Und dass er seiner Frau zuliebe hier ist, find ich wirklich klasse, aber ich kann mir gut vorstellen, wie schlimm es bei ihm zu Hause mittlerweile steht. Ich kenn das nur zu gut, erst wenn ich richtig sauer und schon am Explodieren bin, kommt mein Mann aus der Ecke, aber die fünfzig Andeutungen davor ignoriert er völlig. Ich weiß gar nicht, mit wem ich mehr Mitleid haben soll, mit Wolfgang oder mit seiner Frau.

Nachdem Martin auf den in seinen Augen ungünstigen Satzbau hingewiesen hatte, der durch die vorgegebenen Satzanfänge entsteht, las er seine Variante vor: «*Ich will sein wie ein Indianer, der ausdauernd und geschmeidig seine Spur verfolgt.* Ich will mich nicht wiederholen, aber ich hoffe doch, dass wir an dem Satz noch weiterarbeiten. So will ich den nicht stehen lassen. Die Grundidee gefällt mir, aber an der Form muss ich noch was ändern. Habe ich das richtig verstanden, dass wir daran noch weiterarbeiten? Oder hätten wir das gleich beachten sollen? Ich war mir nicht ganz sicher, die Anweisung war doch, die Sätze zu vervollständigen, von korrektem Satzbau war nicht die Rede, oder? Brauchen wir überhaupt ein Modalverb davor, also ‹Ich will›, könnte man nicht einfach auch schreiben ‹Ich bin›? Oder bin ich jetzt zu kleinlich? Wahrscheinlich kommt da mein Beruf als Lehrer wieder durch. Falscher Satzbau, Rechtschreib- und Grammatikfehler tun mir fast schon körperlich weh, da kann ich nicht einfach drüber hinwegsehen», lächelte Martin leicht gequält.

«Wie Martin richtig bemerkt hat, ist das Modalverb nicht zwingend nötig, es ist nur ein erster Zwischenschritt auf dem Weg zur nächsten Station. Die Modalverben dienen als Brücke vom Unbewussten zur bewussten Formulierung. Dazu kommen wir gleich im Anschluss. Dass die Sätze im Moment noch ein bisschen holprig wirken können, ist normal, aber am Ende des Seminars wirst du mit deinem Satz zufrieden sein, Martin», versicherte ihm die Kursleiterin.

Aber kleinlich finde ich den Martin trotzdem. Ich achte ja auch gern auf Details, überlegte Evelyne, und mein Mann stöhnt ja deshalb regelmäßig. Wenn ich es in seinen Augen mal wieder zu genau wissen will, findet er, ich würde mir zu viele Sorgen machen und zur Not welche erfinden, wenn es keine gäbe. Aber der Martin toppt ja wirklich alles mit seinem Perfektionismus, ob ich auf die anderen wohl genauso wirke?

Immerhin habe ich ja auch einen großen Anteil im Fehlersuch-System. Ich bin mal gespannt, ob das bei Martin mit seinem Sportwunsch, den er nicht umsetzen kann, wirklich nur eine Disziplinfrage ist oder ob da noch mehr dahinter steckt.

«Und jetzt das Schönste zum Schluss», freute sich René sichtbar, «bei mir hat sich die Eule durchgesetzt, ob das wohl an meinem Beruf liegt? Habt ihr eigentlich schon mal Untersuchungen angestellt, wer welches Wunschelement hat, gibt's da Vorlieben bei den Geschlechtern oder Berufsgruppen? Lehrer als Indianer, damit sie sich während der Klassenarbeit lautlos von hinten anschleichen können, um Schüler beim Spicken zu erwischen? Oder Handwerksmeister, die, wenn sie mit der Arbeit fertig sind, in deiner Wohnung einen Saustall hinterlassen?» René steckte mit seinem herzhaften Lachen die ganze Gruppe an, bevor er mit strahlendem Gesicht seine Lieblingsvariante vorlas: «*Ich will handeln wie eine Eule, die den Rundumüberblick hat und fette Mäuse fängt.* Die Mäuse sind zweideutig gemeint, ich muss mich ja um meine Finanzen kümmern, und da sind mir fette Mäuse sehr willkommen. Also ich bin total glücklich mit meinem Satz, Modalverb hin oder her, viel verändern will ich bei mir gar nicht mehr.»

Motto-Ziele

Nachdem ihr die Haltungsänderung zu eurer unangenehmen Pflicht formuliert habt, gehen wir zum nächsten Schritt über. Ihr werdet nun daraus ein Ziel formulieren. Es gibt verschiedene Arten der Zielformulierung, wir arbeiten an dieser Stelle mit Motto-Zielen (Storch, 2009). Doch bevor wir darangehen, möchte ich euch zuerst einen Einblick in die Zielpsychologie geben.

Wie ihr auf diesem Flipchart sehen könnt, lassen sich Ziele zum einen danach einteilen, ob sie situationsspezifisch oder situationsübergreifend formuliert sind, hier als horizontale Linie dargestellt. Auf dieser Achse lassen sich alle Vorhaben nach der Häufigkeit ihres Auftretens einordnen. Eine einmalige Sache, wie zum Beispiel der Vorsatz *In der nächsten Teamsitzung bringe ich mein Vorliegen an*, ist unter «situationsspezifisch» anzusiedeln. Hier ist das Vorhaben spezifisch und nur für diese spezielle Situation formuliert. Wenn ich aber ein Ziel möglichst immer in meinem Leben anstrebe und formuliere *Ruhig und entspannt gehe ich neue Herausforderungen an*, dann ist das auf der Achse unter «situationsübergreifend» einzuordnen.

Zwischen diesen beiden Punkten, der einmaligen Angelegenheit und dem Wunsch nach dauerhaftem Verhalten, ist alles möglich. Ich kann mir

Zieltypen

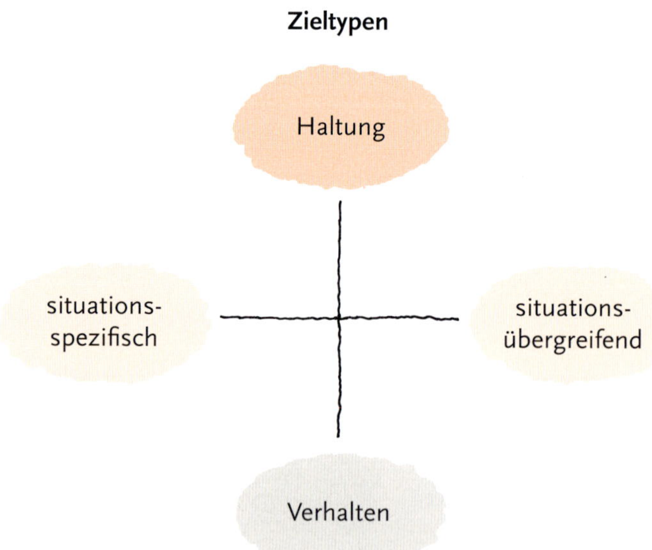

Ziele erarbeiten, die mir bei meinen halbjährlichen Zahnarztterminen helfen, beim sonntäglichen Besuch der Schwiegermutter oder dem täglichen Umgang mit meiner pubertierenden Tochter.

Zum andern lassen sich Ziele auch noch darin unterscheiden, ob sie auf der Haltungsebene oder der Verhaltensebene formuliert werden. Ziele auf der Haltungsebene beschreiben eine bestimmte innere Verfassung, die zwar bestimmte Verhaltensweisen zur Folge hat, diese aber in der sprachlichen Formulierung nicht thematisiert. Ein Beispiel hierfür ist das Ziel *Ich bin die Ruhe selbst*. Wie ich mich dann in der jeweiligen Situation verhalte, in der ich ruhig handeln oder ruhig bleiben will, ist hier noch nicht konkret festgelegt. Eine Zielformulierung auf der Verhaltensebene hingegen ist beispielsweise *Jeden Morgen nach dem Aufstehen mache ich eine halbe Stunde Yoga*.

Aus einer bestimmten Haltung lassen sich viele verschiedene, der Situation angepasste Verhaltensweisen ableiten. Das Haltungsziel *Ich bin die Ruhe selbst* hat also konkretes, dennoch aber unterschiedliches Verhalten zur Folge, ob im Umgang mit Arbeitskollegen, den Kindern oder dem Hund. Ist ein Ziel nur auf der Verhaltensebene formuliert, so ist der Mensch genau auf dieses eine Verhalten festgelegt. Flexibilität und Anpassung an unterschiedliche Situationen und Menschen sind dann nicht gegeben.

Zieltypen

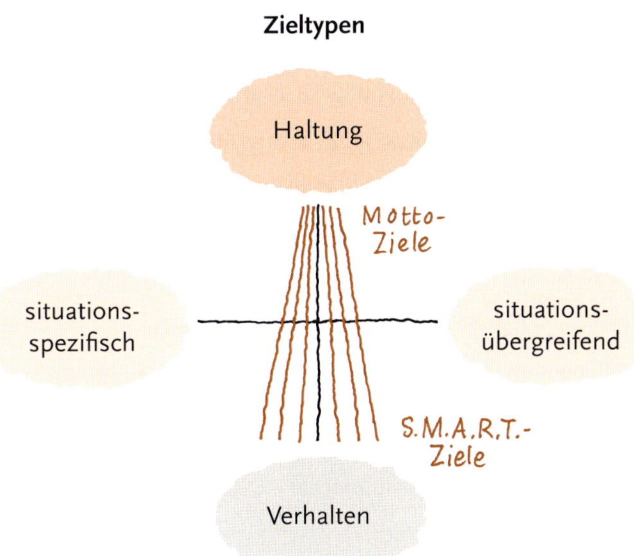

In der Arbeitswelt gibt es ein Zieltyp, der ausschließlich auf die Verhaltensebene wirkt, das ist das sogenannte S.M.A.R.T.-Ziel. Dabei handelt es sich um ein konkret formuliertes Ziel, das keinen Zweifel darüber lässt, was die Person wann genau zu machen hat. Ein Beispiel für ein solches S.M.A.R.T.-Ziel in einer Firma, etwa zum Thema «Kritikgespräche mit Mitarbeitern führen», wäre: *Bei jedem Anlass zur Kritik gehe ich sofort zu dem betreffenden Mitarbeiter und mache einen Gesprächstermin für den nächsten Tag aus.*

Im Zürcher Ressourcen Modell formulieren wir hier an dieser Stelle des Seminars die Ziele auf der Haltungsebene. Das sind die bereits erwähnten Motto-Ziele.

Motto-Ziele können in den verschiedensten Bereichen und zu den unterschiedlichsten Themen gebildet werden. Immer wenn eine Person lernen möchte, mit einer Sache, anderen Menschen oder auch mit sich selbst anders umzugehen, ist es wichtig, dass Verstand und Unbewusstes bei dem Vorhaben mitreden dürfen. Diese Synchronisation der beiden Systeme wird durch das Motto-Ziel sichergestellt. Hierdurch erreichen wir optimale Selbstmotivierung.

Das Motto-Ziel formuliert eine neue Haltung zur unangenehmen Pflicht, die es euch ermöglicht, durch die Änderung der Affektlage das jeweils benötigte Affektsystem zu aktivieren. Mit Zielformulierungen auf der Verhaltensebene kann kein Affektwechsel hergestellt werden, da diese nur den Verstand ansprechen und nicht das Unbewusste. Wie ich euch aber bereits gesagt habe, benötigt man für die Affektregulation das Unbewusste. Die Zusammenarbeit mit dem Unbewussten ist nur auf der Haltungsebene möglich.

Auf dem folgenden Flipchart habe ich euch ein paar Beispiele für Motto-Ziele aufgeschrieben, damit ihr ein erstes Gefühl für diesen Zieltyp bekommt. Da die meisten von uns nicht gewohnt sind, mit Motto-Zielen zu arbeiten, haben viele am Anfang etwas Mühe mit der Formulierung. Aber ihr werdet schnell lernen und vor allem fühlen, wie Motto-Ziele formuliert werden und wie diese wirken – eben direkt auf der Gefühlsebene.

Auf diesem Flip seht ihr einige Beispiele für Motto-Ziele. Im nächsten Arbeitsschritt bekommt ihr von den Gruppenmitgliedern einen Ideenkorb zu möglichen Motto-Zielen. Und diesmal, Jasmin, darfst du alle deine Sätze vorlesen, denn die Gruppe kombiniert alle Sätze zu eurer Haltungsänderung und eure Lieblingsworte zu neuen Formulierungen. Der Ablauf dieser Ideenkorb-Phase ist von den Rollen her der gleiche wie beim Ideenkorb zu den

Beispiele für Motto-Ziele

Himbeerlächelnd gehe ich durchs Leben.

Der Duft belohnt mein Abenteuer.

Irland ruft.

Ich bin der Kapitän.

Ich nehme mir meine lila Zeit.

Mit Bärenkraft zum Ziel.

Ich pflege meinen Garten und ernte süße Früchte.

Ich tauche ab und berge meine Schätze.

Ich miste aus und fange fette Lachse.

Fest verwurzelt vertraue ich auf mein Wissen.

Wunschelementen. Die erste Person legt die Arbeitsblätter mit ihren Lieblingswörtern und der oder den Formulierungen hin, und daraufhin fangen die anderen an, spielerisch neue, fantasievolle Motto-Ziele in den Korb zu werfen. Ihr könnt euch den Ablauf wie beim Spiel «Scrabble» vorstellen. Schaut die Sätze und Lieblingswörter an und kombiniert diese zu neuen Sätzen. Formuliert die Sätze im Präsens, alle Modalverben werden jetzt weggelassen, also statt *Ich möchte handeln wie ein Tiger* einfach nur *Ich handle wie ein Tiger*, *Ich bin ein Tiger* oder auch *Tigerlich handle ich*. Motto-Ziele werden im Präsens formuliert und sind metaphorisch. Über die Motto-Ziele werden durch Worte Bilder erzeugt, die wiederum Gefühle hervorrufen. Wie wollt ihr euch fühlen? Welche neue Haltung wollt ihr haben?

Bevor wir nun zum nächsten Schritt kommen, schauen wir uns noch einmal an, was ihr bisher erreicht habt. Und das machen wir mit Hilfe des Überblicks von Evelyne.

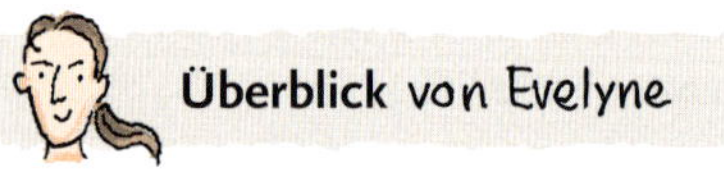

Wunschelemente:
Wolf und Fussball

Lieblingsideen:
Wolfsnase, Spur verfolgen, zielsicher, schnappt sich seine Beute, zupacken

Absichtsformulierung:
Ich will handeln wie ein Wolf, der zielsicher die Spur verfolgt und sich seine Beute schnappt.

Wenn es hierzu keine weiteren Fragen gibt, dann legt los.

Ideenkörbe für Motto-Ziele

Evelyne

Ich bin ein Wolf, verfolge zielsicher die Spur und schnappe mir die Beute.

Mit Taktik und Ausdauer kicke ich den Ball im richtigen Moment.

Mit der richtigen Taktik schieße ich Tore.

Meine Wolfsnase führt mich zielsicher zur Beute.

Meine Wolfsspur zeigt mir ausdauernd den Weg.

Mit Wolfstaktik packe ich zielsicher zu.

Im richtigen Moment schnappe ich mir den Ball und bin zielsicher.

Ich, der Wolf, schnappe mir meine Beute.

Wolf packt Lahma.

Mit Wolfsinstinkt folge ich meiner Spur und schnappe mir die Beute.

Jasmin

Mit meiner Vespa fahre ich auf Spur zum Wellenreiten.

Mit Spaßfaktor fahre ich bremsbereit in die Freiheit.

Wellen und Wind sind meine Freiheit.

Auf Spur fahre ich mit Wind im Haar zu Wellen und Wind.

Ich gebe Gas und habe Spaß!

Ohne Ablenkung fahre ich zum Strand und reite die große Welle.

Ich fahre lange Wege für eine gute Welle.

Ich mastere die große Welle.

Auf sicheren Wegen der Freiheit entgegen.

Mit Wind im Haar fahre ich mit meiner Vespa ins Surfparadies.

Ideenkörbe für Motto-Ziele

Brigitte

Ich bin ausdauernd, stark und belastbar und gewinne Pokale.

Ich ziehe den Aufschlag durch und spiele ausdauernd.

Verlässlich und geschickt ziehe ich mit langem Atem den Aufschlag durch.

Ich spiele das Match zu Ende und teile meine Kräfte ein.

Pferdekraft und Sportlergeist sind meine Natur.

Ich hole aus, zieh voll durch und gewinne den Pokal.

Ausdauernd und stark trabe ich über Stock und Stein.

Ich achte auf meine Kräfte, habe einen langen Atem und gewinne Pokale.

Ich galoppiere dem Erfolg entgegen, bin geschickt und belastbar.

Ich gebe niemals auf und gewinne das Match auf jeden Fall.

René

Mit Eulenaugen habe ich den Überblick und fange fette Mäuse.

Mit Rundumblick entdecke ich jede Maus.

Nah an den Wolken atme ich durch und habe den Überblick.

Klug, weise und geheimnisvoll erspähe ich in der Nacht meine Beute.

Überblick und frische Luft sind der Lohn für den Aufstieg.

Nach dem Aufstieg atme ich durch und bin den Wolken nah.

Ich fange fette Mäuse, meinem Rundumblick entgeht nichts.

Eulenweisheit lässt mich durchatmen.

Vom Berggipfel aus genieße ich den Überblick und bin den Wolken nah.

Geheimnisvoll und klug erspähe ich auch nachts die fetten Mäuse.

Mit Rundumüberblick übers Feld schnappe ich mir die fetten Mäuse.

Ideenkörbe für Motto-Ziele

Martin

Der ausdauernde und geschmeidige Indianer verfolgt seine Spur.

Ich bin der Meister im Spurenlesen und ein schneller Sprinter.

Katzenhaft und geschmeidig bin ich beharrlich.

Ich verfolge meine Spur und bin ein erfolgreicher Jäger.

Elegant, schön und ausdauernd verfolge ich Spuren.

Beharrlich und ausdauernd bleibe ich auf Spur.

Elegant und geschmeidig wie ein Puma zeige ich meine starken Muskeln.

Ich bin der schnellste Sprinter, Geschmeidigkeit ist meine Katzennatur.

Ausdauernd und beharrlich achte ich auf mich.

Wie Winnetou achte ich instinktiv auf meinen Körper.

Wolfgang

Ich bin der Hirte, der auf seine Herde achtet.

Freundlich und neugierig bewache ich meine Herde.

Mit freundlichem Gebell weise ich auf Fehler hin.

Wenn es sein muss, kann ich bellen.

Ruhig und besonnen weise ich meiner Herde den Weg.

Hier bin ich der Eber, oink.

Ich sorge in meinem Saustall für Ordnung.

In diesem Saustall habe ich das Sagen!

Alles grunzt auf mein Kommando!

Ich bin der Hirte und habe den Stab in der Hand.

Mit rosa Grunzen bewache ich meine Herde.

Ideenkorb für meine Motto-Ziele

Arbeitsblatt

....

....

....

....

....

....

....

....

....

....

....

....

....

....

....

....

....

....

....

Zum Abschluss des heutigen Tages möchte ich euch bitten, dass ihr nun den gerade erhaltenen Ideenkorb auswertet und auf dem folgenden Arbeitsblatt die heutige Fassung des Motto-Ziels notiert. Mit dieser werden wir dann morgen weiterarbeiten und uns um den Feinschliff kümmern. Ihr könnt für diese Fassung ein Motto-Ziel eures Ideenkorbs nehmen, zwei oder mehrere miteinander kombinieren oder auch eine neue Idee ausarbeiten, die euch selbst eingefallen ist. Mit der Affektbilanz könnt ihr immer überprüfen, welche Formulierung euch besser gefällt.

Eigentlich geht mir das hier alles viel zu schnell, stöhnte Evelyne leise in sich hinein, ich komme ja kaum hinterher. Wenn mich heute Abend einer fragen sollte, was ich hier gemacht habe, könnt ich's ihm nicht sagen. Mir schwirrt der Kopf. Ich hätte gern mehr Zeit gehabt, über alles nachzudenken, aber andere sind hier voll in ihrem Element, denen kann's gar nicht schnell genug gehen. Als ich die Motto-Ziele am Flipchart gesehen habe, musste ich mich schon ein bisschen wundern, auf was für Ideen erwachsene Menschen kommen können. Aber wenn ich mir jetzt meinen Lieblingssatz ansehe, bin ich kaum besser. Der René ist wirklich klasse, dass der sich die Geschichte von meinem Mann gemerkt hat, dass ich ein Lama mit ‹h› sei, und mir dann dieses knackige *Wolf packt La(h)ma*-Motto-Ziel in den Ideenkorb geworfen hat. Den Satz find ich total klasse, da steckt alles drin, ich brauch gar nichts Langes oder Blumiges oder Kitschiges. *Wolf packt La(h)ma.*

Je mehr ich darüber nachdenke, umso besser fühle ich mich damit, am liebsten würde ich das gleich ausprobieren. Ich werde sicher noch irgendwas zu Hause zum Anpacken finden und dann am Kragen packen und erledigen, zackzack, wie Wolfgang sagt. Morgen Mittag spendier ich dem René einen Kaffee und erkundige mich mal ein bisschen nach seinem Geschäft. Mit einem Bestatter hatte ich auch noch nie zu tun. Wenn der bei seinen Särgen genauso kreativ ist wie bei den Ideenkörben, dann will ich unbedingt mal auf eine Beerdigung von ihm gehen.

Erste Fassung Motto-Ziel

Evelyne

Wolf packt Lahma.

Jasmin

Ohne Ablenkung fahre ich zum Strand und mastere die große Welle.

Brigitte

Ich hole aus, zieh voll durch und gewinne den Pokal.

René

Mit Rundumüberblick übers Feld schnappe ich mir die fetten Mäuse.

Martin

Beharrlich und ausdauernd bleibe ich auf Spur.

Wolfgang

In diesem Saustall hab ich das Sagen, Oink!

Mein Motto-Ziel in der jetzigen Fassung

Arbeitsblatt

Für heute sind wir fertig, ihr habt schon einen großen Schritt geschafft mit dieser ersten Formulierung eures Motto-Ziels. Für alle, die noch nicht ganz zufrieden mit der jetzigen Fassung sind, keine Sorge, wir werden morgen daran weiterfeilen. Aber zumindest die Richtung ist euch jetzt klar, und wenn ich so in die Runde schaue, sehe ich lauter zufriedene Gesichter. Ich wünsche euch einen schönen Abend und freue mich auf morgen.

«Ich wusste gar nicht, dass du rauchst», sprach Evelyne Jasmin draußen vor der Tür an, «du siehst so sportlich aus und surfst doch auch, aber ich schließe mich dir gern an.» Nein, lachte Jasmin, so sportlich, wie sie aussehe, sei sie gar nicht, und Surfer seien alles andere als Gesundheitsapostel, da stünde das Vergnügen im Vordergrund. Schließlich sei das jetzt die schönste Zeit ihres Lebens, und die wolle sie genießen. Aufhören könne sie ja später immer noch, wenn sie Lust dazu habe, sagte sie. Auf Evelynes Frage, ob ihr das vorhin wirklich nichts ausgemacht habe, sich einfach so von ihren anderen Sätzen zu trennen, die ihr doch scheinbar alle wichtig gewesen seien, stellte Jasmin richtig: Sie habe sich ja eigentlich gar nicht von den Sätzen getrennt, sondern sich nur einen wirklich schönen rausgesucht, die andern habe sie behalten und könne sie jederzeit wieder hervorholen. Außerdem, wie sie bei ihrer sechsmonatigen Indienreise nach dem Abi erkannt habe, sei das Leben immer im Fluss, es ändere sich eh immer alles, nichts sei ewig, nichts von Dauer, also mache es auch keinen Sinn, an Dingen zu kleben. Die Energie, die sie dafür verbrauche, nutze sie lieber, um sich Neues auszudenken.

Evelyne war baff. Aber im Grunde hatte Jasmin recht. Wie oft hatte sie sich schon Sorgen drüber gemacht, was alles passieren könnte, wenn die Dinge so weiterlaufen würden. Und dann gab es eine unerwartete Wendung, und alle ihre Befürchtungen waren umsonst gewesen, alles lief auf einmal völlig anders. Da hatte sie sich schon manchmal gewünscht, zuversichtlicher zu sein, weniger zu grübeln und das Leben ein bisschen lockerer nehmen zu können. Nicht generell, nein, das wollte sie nicht. Ihr Leben aus der Hand zu geben und alles schicksalhaft hinzunehmen, wie es gerade kam, ohne selbst Einfluss nehmen zu können, nein, danke. Aber einige unwichtige Dinge lockerer sehen, kleine Ärgernisse an sich abperlen lassen, das wäre schon eine Erleichterung für sie. Wirklich erstaunlich, wie unterschiedlich die Menschen doch mit ähnlichen Situationen umgehen. Nicht dass sie das nicht schon längst gewusst hätte, aber jetzt verstand sie, warum das so ist, was der Grund für den unterschiedlichen Umgang mit Situationen ist.

Auf dem Weg nach Hause musste Evelyne noch bei ihrer Mutter vorbeischauen. Dabei wäre sie lieber direkt nach Hause gefahren, um sich sofort an die ungeliebte Ablage zu machen. Aber sie hatte ihr versprochen, wenigstens nach dem Rechten zu sehen, schließlich war sie ja krank. Und versprochen ist versprochen.

Ihrer Mutter ging es zwar schon bedeutend besser, aber Evelyne hatte den Eindruck, dass ihre Mutter es genoss, wenn sie ihr mehr Aufmerksamkeit als üblich schenkte.

Von dem Seminar erzählte sie nichts, das war ihr ganz persönliches Erlebnis. Das war aber auch nicht weiter schwer, weil ihre Mutter sowieso lieber von sich erzählte und selten nach ihrem Tag fragte, und wenn, dann nur um ihr Ratschläge zu erteilen. Manchmal ärgerte sie das, nicht gefragt zu werden, zuhören zu müssen, aber heute war es ihr gerade recht. Nachdem alles besprochen war und sie sich vergewissert hatte, dass noch ausreichend zu essen im Kühlschrank war, beschloss sie zu gehen. In diesem Moment fiel ihrer Mutter ein, dass sie ja noch dringend eine Glückwunschkarte für den Geburtstag ihrer Freundin brauchte, ob sie ihr diese mal noch eben besorgen könne. Der Geburtstag war zwar erst in drei Wochen, aber sie wollte es lieber gleich erledigt haben. Evelyne spürte wieder das altbekannte Gefühl der Wut und Hilflosigkeit in sich aufsteigen, wie immer, wenn sie merkte, dass andere ihren Tagesplan durcheinanderbrachten. Aber noch ehe sie anfangen konnte, mit ihr darüber zu diskutieren, ob das nicht noch Zeit bis Samstag hätte, hörte sie sich sagen, dass sie dazu jetzt weder Zeit noch Lust hätte und sie entweder morgen selbst gehen könne, schließlich ginge es ihr ja schon viel besser, oder sich aber bis Samstag gedulden müsse. Da würde sie ihr die Karte vom Einkauf mitbringen. Beim Hinausgehen hörte sie noch Mutters empörte Stimme, was nur mit ihr los sei, sie könne die Karte doch mal eben kaufen gehen, das sei doch wohl nicht zu viel verlangt. Den Rest konnte sie schon nicht mehr verstehen, da sie bereits die Tür hinter sich geschlossen hatte.

Als sie beim Auto ankam, musste Evelyne erst einmal tief durchatmen. So hatte sie noch nie mit ihrer Mutter gesprochen. Aber das Gefühl, das sie jetzt spürte, war großartig. Sie war stolz, fühlte sich völlig klar im

Kopf und hatte die Empfindung, genau zu wissen, was sie brauchte, um sich gut zu fühlen. Selbst zu bestimmen, was sie tun und lassen wollte, hatte sie immer vermisst, sie wusste schon gar nicht mehr, wie das ging. Jetzt merkte sie, wie gut ihr das tat. Diese Klarheit und Ruhe, die ihren Körper durchströmten – wie heute Nachmittag, als sie kurzerhand beschloss, nur einen Satz hinzuschreiben – fühlten sich einfach wunderbar an.

Wolf packt La(h)ma

Drei Kernkriterien für Motto-Ziele

Guten Morgen, alle zusammen. Wir machen nun dort weiter, wo wir gestern aufgehört haben. Wir kümmern uns nun um den Feinschliff eures Motto-Ziels. Damit sich ein Motto-Ziel auch wirklich zielrealisierend auswirken und die neue Haltung aktivieren kann, muss es diese drei Kernkriterien erfüllen:

1. als Annäherungsziel formuliert sein
2. vollständig unter der eigenen Kontrolle sein
3. eine Affektbilanz von –0 und mind. +70 aufweisen

Kommen wir nun zur ersten Regel, wonach das Motto-Ziel als Annäherungsziel formuliert sein muss. Als Annäherungsziel bezeichnen wir ein Ziel dann, wenn es das gewünschte Verhalten ausdrückt. Wenn ich das Ziel habe, mehr Ruhe in mein Leben zu bringen, dann lautet eine mögliche Annäherungszielformulierung: *Ich schaffe mir meine Zeitinseln.* Damit bringe ich klar zum Ausdruck, was ich erreichen will, und kann am Ende des Tages sehen, ob ich zielrealisierend gehandelt habe, indem ich meine Zeitinseln vor dem inneren Auge Revue passieren lasse. Das Gegenteil des Annäherungsziels ist das Vermeidungsziel. Hier wird im Ziel das Thema formuliert, das ich unterlassen will. Hier würde das Ziel zum eben genannten Ruhethema beispielsweise *Ich lasse mich nicht mehr stressen* lauten.

Wie ich euch gestern schon erzählt habe, werden zu jedem Wort im Gehirn Bilder generiert. Für das Wort «nicht» und auch für alle anderen Verneinungen gibt es jedoch kein Bild, mit dem das Gehirn arbeiten kann. Das Bild, das ihr zu einem Vermeidungsziel in den Kopf bekommt, handelt genau von dem Thema, das ihr ja eigentlich vermeiden wollt, und erzeugt dementsprechend negativen Affekt, den ihr wieder mühsam runterregulieren müsst. Das klingt jetzt vielleicht ein bisschen abstrakt, ich gebe euch ein Beispiel: Bitte stellt euch jetzt *kein* lila Einhorn mit rosa Hufen vor. Die schnellsten unter euch werden es vielleicht noch schaffen, das Einhorn weiß zu färben, aber das Bild von einem lila Einhorn mit rosa Hufen taucht auf jeden Fall vor unserem geistigen Auge auf, ob wir das wollen oder nicht. Genauso verhält es sich mit den Vermeidungszielen. Achtet auf die Formulierung und die Wörter, die ihr benutzt, und schaut, welche Bilder sie in euch erzeugen und ob ihr diese Bilder wollt.

Deshalb lautet der erste Auftrag auf dem Arbeitsblatt, euer Motto-Ziel auf eine Vermeidung hin zu überprüfen und gegebenenfalls entsprechend in ein Annäherungsziel umzuformulieren.

Es gibt allerdings noch eine heimtückische Variante von Vermeidungszielen, die möglicherweise nicht gleich auf den ersten Blick auffällt. Alle Wörter, die mit «un-» beginnen oder mit «-los» und «-frei» enden, sind versteckte Vermeidungswörter. Wir machen hierzu eine kleine Übung. Ich habe euch ein paar Vermeidungswörter aufgeschrieben. Ruft mir mal bitte Annäherungsformulierungen für diese Wörter zu, ich schreibe sie direkt auf dem Flipchart mit.

Vermeidungs- vs. Annäherungsformulierung

sorgenfrei

zuversichtlich, vertrauensvoll, sicher, mutig,
in sich ruhend, auf seine Stärken vertrauend,
selbstbewusst, stark

grenzenlos

frei, leicht, weit, ewig, dauernd, viel, mächtig,
fantastisch, geheimnisvoll, massenhaft,
reichlich

ungehemmt

locker, lustig, frei, natürlich, offen, gelöst, lässig,
leicht, ausschweifend, wild, lebhaft, temperamentvoll,
feurig, dynamisch

schwerelos

leicht, schwebend, fliegend, angenehm,
federleicht, wie eine Seifenblase,
wie eine Feder im Wind, gleitend

Auf die Frage, ob jemand unter den Teilnehmenden ein Vermeidungsziel oder -wort in seinem jetzigen Motto-Ziel habe, meldete sich Jasmin: «*Ohne Ablenkung fahre ich mit meiner Vespa zum Strand und mastere die große Welle*. Das ist wohl das, was du meinst. Aber irgendwie muss das da mit rein, dieses sich nicht Ablenkenlassen auf dem Weg zum Strand.»

Jasmin erhielt von der ganzen Gruppe einen Ideenkorb für eine entsprechende Annäherungsformulierung:

Danach formulierte Jasmin ihr Motto-Ziel folgendermaßen um:

«Das trifft es genau», freute sie sich, «da steckt alles drin, mein direkter Weg zu meiner großen Masterwelle in Australien. Dafür kann ich mich gern mal für ein paar Stunden aus meinem Netzwerk ausklinken, die andern machen's ja genauso, und keiner ist ihnen böse. Tipptopp.»

Kommen wir nun zur zweiten Regel. Die Umsetzung eures Motto-Ziels muss vollständig unter eurer Kontrolle sein. Diese Regel gilt es immer dann zu beachten, wenn bei dem Motto-Ziel andere Personen eine Rolle spielen. Bei Wolfgang zum Beispiel, wenn er sich als Ziel die gute Stimmung in seinem Team wünscht, auf die er aber keinen direkten Einfluss hat. Immer dann, wenn andere Personen oder Umstände den Erfolg eures neuen Vorhabens beeinflussen können, habt ihr diese Regel verletzt. Ihr müsst euer Motto-Ziel so wählen, dass ihr allein für den Erfolg verantwortlich seid, dass ihr allein es in der Hand habt, wann und wo ihr eure neue Haltung erfolgreich aktivieren wollt. Wolfgang kann ja nicht davon ausgehen, dass die Stimmung unter seinen Mitarbeitern immer gut ist, so gutmütig er sich ihnen gegenüber auch verhält und so oft er sie auch darum bittet. Diese Erfahrung hat er ja schon gemacht.

Wenn ich mich richtig erinnere, hat Brigitte in ihrem Satz noch eine Formulierung, die nicht völlig unter ihrer Kontrolle steht. Kannst du uns bitte noch einmal dein aktuelles Motto-Ziel vorlesen?

«*Ich hole aus, zieh voll durch und gewinne den Pokal.* Da meinst du wohl das mit dem Pokal gewinnen, stimmt's? Ein bisschen mulmig war mir dabei schon die ganze Zeit, als alte Tennisspielerin weiß ich genau, wie schwer das ist, einen Pokal zu gewinnen. Mich hat das schon früher immer unter Druck gesetzt, und genau das Gefühl mochte ich nie. Wäre es dann besser, wenn ich schreibe ... *und gebe mein Bestes*? Aber dann fehlt mir das Durchhalten bis ans Ende.» Brigitte schaute hilfesuchend in die Runde. «Dann schreib doch: ... *und halte durch bis zum Ende* oder ... *und kämpfe bis zum Ende*», meldete sich Jasmin. «Das mit dem Kämpfen fühlt sich gut an», freute sich Brigitte sichtbar, «da spüre ich sofort, wie Energien in mir fließen, +85 würde ich dem schon geben, dabei bleibe ich, danke, Jasmin.»

Jetzt gibt es noch eine dritte Regel, die bei der Formulierung des Motto-Ziels beachtet werden muss. Das Motto-Ziel muss eine Affektbilanz von –0 und mindestens +70 aufweisen. Das klingt hier in der Anweisung vielleicht etwas trocken, hat aber viel mit Freude und Lust bei der Umsetzung zu tun. Wie ihr euch vielleicht noch erinnern könnt, ist es wichtig, jeden negativen Affekt oder jeden negativen Beigeschmack zu vermeiden. Denn wenn ihr ein unangenehmes Gefühl dabei habt, und sei es auch noch so klein, dann ist die Wahrscheinlichkeit groß, dass ihr es nicht umsetzen werdet. Hierfür kann es verschiedene Gründe geben, sei es, dass ihr euch vielleicht mit einem «immer» eine zu große Dosis verpasst habt, zum Beispiel bei einer *Ich will immer glücklich sein*-Formulierung, oder auch bei der Wortwahl, wenn ihr euch ein Abenteuer eingebaut habt und euch damit unwohl fühlt, weil das «Abenteuer» für euch gleichzeitig mit Gefahr verbunden sein könnte.

Manchmal kommt es vor, dass Menschen an dieser Stelle einen negativen Affekt verzeichnen, der auf der Unsicherheit beruht, wie sie denn die neue Haltung im Alltag umsetzen sollen. Falls dies bei jemandem von euch der Fall ist, kann ich euch beruhigen: Ihr müsst die Umsetzung jetzt noch nicht können. Im Moment geht es nur um die Formulierung eures Motto-Ziels. Diese Formulierung muss eine starke positive Affektbilanz aufweisen. Wie das dann genau mit der Umsetzung funktioniert, wie ihr diese Haltung dann in euren Alltag transferiert, dazu kommen wir noch, dazu müsst ihr euch zu diesem Zeitpunkt des Seminars noch keine Gedanken machen. Also noch einmal: Auf der negativen Affektskala müsst ihr bei 0 sein und auf der positiven bei mindestens +70 liegen, denn nur dann seid ihr ausreichend motiviert. Wenn ihr das Gefühl habt, euer Motto-Ziel ist noch zu wenig griffig, wenn ihm noch der letzte Pfiff fehlt oder wenn es euch noch zu technisch oder zu vernünftig vorkommt, dann lasst euch einen Ideenkorb geben.

Hier meldete sich Martin zu Wort: «Ich glaube, ich könnte, nein besser, mein Motto-Ziel könnte noch ein bisschen mehr Pfiff gebrauchen. Grammatikalisch ist der Satz jetzt zwar in Ordnung, aber so richtig begeistern tut er mich noch nicht. Darf ich ihn einmal vorlesen? *Beharrlich und ausdauernd bleibe ich auf der Spur.* Auf der Spur bleiben will ich ja, und die Beharrlichkeit ist auch gut, aber mir fehlt noch der Bezug zum Sport.

Und wenn es mir auch ein bisschen peinlich ist, das hier zu sagen: Der Indianer fehlt mir. Meine Affektbilanz in der jetzigen Form ist auf –0 und maximal +55, da ist also noch Spielraum nach oben auf der positiven Seite drin.» Nach einem Riesenideenkorb von der ganzen Gruppe kreierte Martin folgende Version: *Beharrlich, ausdauernd und geschmeidig wie ein Indianer folge ich meiner Spur.* «Das klingt schon viel, viel besser, genau so will ich mich fühlen, geschmeidig und schlank wie ein Indianer. Ich danke euch allen und notiere für jeden eine Sehr gut in mündlicher Leistung», lachte er.

Und jetzt noch an alle anderen: Überprüft bitte euer Motto-Ziel auf diese drei Regeln hin und sucht euch gegebenenfalls alternative Formulierungen. Falls ihr länger als zwei Minuten über einer Formulierung grübelt, holt euch einen Ideenkorb. Wenn ihr später einmal bei einem neuen Vorhaben an diesem Punkt seid, nutzt ihr einfach wieder Freunde und Verwandte als Ideenspender. Nach dem Kriterien-Check schreibt ihr bitte die jetzige Fassung eures Motto-Ziels auf das folgende Arbeitsblatt.

Überprüfung der drei Kernkriterien und überarbeitetes Motto-Ziel

Arbeitsblatt

Erste Fassung meines Motto-Ziels:

....

....

....

....

....

Das Motto-Ziel muss:

1. als Annäherungsziel formuliert sein
2. vollständig innerhalb der eigenen Kontrolle sein
3. eine Affektbilanz von –0 und mind. +70 aufweisen

Überarbeitete Fassung meines Motto-Ziels:

....

....

....

....

....

Überarbeitetes Motto-Ziel

Evelyne

Wolf packt Lahma.

Jasmin

Straight zum Strand –
ich bin die Wellenmasterin.

Brigitte

Ich hole aus, zieh voll durch
und kämpfe bis zum Ende.

René

Mit Rundumüberblick
übers Feld schnappe ich mir
die fetten Mäuse.

Martin

Beharrlich, ausdauernd und
geschmeidig wie ein Indianer
folge ich meiner Spur.

Wolfgang

In diesem Saustall
habe ich das Sagen!

Priming

Jetzt habt ihr alle eine neue attraktive Haltung entwickelt und sie als Motto-Ziel formuliert. Sicher seid ihr schon neugierig, wie dieses Motto-Ziel umgesetzt wird. Wie könnt ihr es schaffen, euer neues Motto-Ziel so gut zu lernen, dass es später ganz automatisch euer Verhalten steuert, wenn ihr es braucht? Das Thema, dem wir uns jetzt zuwenden, heißt deshalb «Wie lernt das Gehirn?»

Wenn ein Mensch etwas Neues lernt, findet im Gehirn immer der gleiche Prozess statt. Synapsen verbinden sich, und jedes Mal, wenn diese neue Verbindung aktiviert wird, feuern diese Synapsen und schütten sogenannte Transmitterstoffe aus. Durch diese Transmitterstoffe wird die Verbindung bei jeder Aktivierung verstärkt. Wird die neue Verbindung auf verschiedenen Kanälen, also beispielsweise durch Sprache, Bilder oder Musik, aktiviert, so entsteht im Gehirn ein neuronales Netz. Je öfter dieses neuronale Netz aktiviert wird, desto stärker wird es, und desto besser wird es euch gelingen, es bei Bedarf zu aktivieren. Ihr könnt euch das wie bei einem Muskel vorstellen, der jedes Mal, wenn er trainiert und benutzt wird, stärker wird und mit dem ihr nach einiger Zeit schwerere Gewichte anheben könnt als vor dem Training. Dabei ist es dem Gehirn völlig egal, ob es eine Sprache, ein Musikinstrument oder eine neue Haltung lernt. Lernen funktioniert immer nach dem gleichen Prinzip.

Ich gebe euch ein konkretes Beispiel. Lernt ein Mensch eine neue Sprache, sagen wir Spanisch, so verbinden sich in der ersten Spanischstunde Synapsen zu einem neuronalen Spanisch-Netz. Je öfter dieses aktiviert wird – durch Vokabeln lernen, spanische Bücher lesen, spanische Lieder hören, Urlaub in Spanien machen –, desto umfangreicher und leistungsfähiger wird dieses Netz im Gehirn, und nach einiger Zeit ist man in der Lage, automatisch auf Spanisch zu antworten, wird man auf Spanisch angesprochen. Bei diesem Beispiel dürfte euch völlig klar sein, dass ihr nicht in zwei Tagen Spanisch sprechen lernen könnt. Wenn Menschen etwas Neues lernen, dauert es einige Monate, bis das neue neuronale Netz gut gefestigt und sicher einsatzbereit ist. Wenn Menschen eine neue Sprache, ein Musikinstrument oder eine Sportart lernen, ist ihnen das auch meist klar, und sie wissen, dass sie Geduld haben müssen. Was ihre Psyche betrifft, sind sie jedoch oft sehr ungeduldig mit sich selbst. Sie gehen davon aus, dass sie, sobald sie etwas mit dem Verstand erfasst haben, auch in der Lage sein müssten, das Gelernte sofort umzusetzen. Aber das ist falsch. Bis eure neue Haltung gefestigt und jederzeit abrufbar ist, wird ungefähr ein halbes Jahr vergehen, das müsst ihr wissen. Allerdings werdet ihr schon nach diesem Kurs in der Lage sein, kleine Erfolge zu feiern. Nach der ersten Spanischlektion ist man ja auch schon in der Lage, sich auf Spanisch vorzustellen und vielleicht etwas zu trinken zu bestellen. Ähnlich wird es euch mit eurer neuen Haltung gehen.

Durch euer Motto-Ziel, die Wunschelemente und die bisherigen Arbeitsschritte haben sich in eurem Gehirn bereits erste Synapsen zu einem kleinen, noch ganz jungen neuronalen Netz verbunden. Es geht nun darum, dass dieses Netz möglichst oft aktiviert wird, damit es schnell groß und stark wird. Nur dann könnt ihr darauf zurückgreifen, wenn ihr es wollt, und nur so kann aus der Haltung automatisch neues Verhalten entstehen, das altes Verhalten auf Dauer ablöst.

Für die fortwährende Aktivierung des neuen neuronalen Netzes benutzen wir im Zürcher Ressourcen Modell eine besondere Art des unbewussten Lernens: das Priming (Storch & Krause, 2007). Priming bedeutet Aktivierung oder auch Bahnung. Durch Priming wird die Auftretenswahrscheinlichkeit einer Reaktion aufgrund der vorherigen Darbietung eines Bahnungsreizes – des sogenannten Prime – beeinflusst. Dabei wird der Prime auf der unbewussten Ebene wahrgenommen und verarbeitet. Priming ist also die Beeinflussung der Verarbeitung eines Reizes durch die Aktivierung unbewusster Gedächtnisinhalte durch einen vorangegangenen Reiz. Das war jetzt die psychologische Erklärung. Anhand verschiedener Experimente aus der Wissenschaft werde ich euch beschreiben, was ihr euch unter Priming und der Wirkung von Priming vorstellen könnt. Danach zeige ich euch, wie ihr das Priming für die Festigung eures neuen neuronalen Netzes einsetzen könnt.

Beim ersten Experiment (Stajkovic et al., 2006) wurde den Versuchsteilnehmenden erzählt, dass sie an einer psycholinguistischen Studie teilnehmen würden, bei der untersucht werden soll, wie Menschen mit Worten und Sprache umgehen. Die Teilnehmenden kamen einzeln in einen Raum mit einem Tisch, auf dem Zettel mit einzelnen Wörtern bereitlagen. Ihre Aufgabe bestand darin, aus diesen Wörtern so viele Sätze wie möglich zu bilden. Für die Studie wurden zwei Gruppen gebildet. Die Kontrollgruppe erhielt neutrale Wörter wie «Buch», «Himmel» und «Wasser» für ihre Sätze. Die Versuchsgruppe selbst erhielt Wörter zum Thema «Leistung» wie «Erfolg», «gewinnen» und «Sieger», um Sätze zu bilden. Dadurch wurde die Versuchsgruppe auf das Thema «Leistung» geprimt. Darunter versteht man die unbewusste Aktivierung des Themas «Leistung» im psychischen System dieser Versuchspersonen. Als die Versuchsteilnehmenden mit dieser Aufgabe fertig waren, bedankte sich der Versuchsleiter und bat sie, noch kurz in den Nebenraum zu einer Studentin zu gehen, die gerade eine Studie für ihre Masterarbeit durchführe. Den Teilnehmenden wurde gesagt, dass diese beiden Versuche nichts miteinander zu tun hätten, es handele sich um eine Gefälligkeit, die nur zwei Minuten dauern würde. Im Nebenraum saß die Studentin und fragte die Teilnehmenden: «Was kann man mit einem Kleiderbügel aus Draht alles machen? Bitte notieren Sie Ihre Ideen auf dieses Blatt, Sie haben zwei Minuten Zeit.» Danach gingen die Probanden nach Hause. In diesem tatsächlich dazugehörenden zweiten Teil des Experiments wurde untersucht, ob sich das Priming durch Leistungsbegriffe aus dem ersten Teil des Versuchs auf die Kreativität ausgewirkt hatte. Und tatsächlich: Die Personen, die zuvor Sätze mit Leistungswörtern formuliert hatten, bei denen also unbewusst das neuronale Leistungsnetz aktiviert wurde, hatten bei der Kleiderbügelaufgabe durchschnittlich 7,58 Ideen. Der Kontrollgruppe, die Sätze mit neutralen Wörtern formuliert hatte, kamen im Durchschnitt nur fünf Ideen bei der Kleiderbügelaufgabe. Das Leistungspriming steigerte somit die Kreativität der Teilnehmenden und bewirkte eine über fünfzigprozentige Steigerung der Ideenanzahl.

Priming kann auf verschiedene Weise erfolgen. Bei meinem zweiten Beispiel geht es um die Frage, wie sehr Gerüche unser Verhalten beeinflussen (Holland et al., 2005). Dazu wurde eine Versuchsreihe aufgebaut, in der die Versuchspersonen einem Zitrusduft ausgesetzt wurden, die Quelle des Geruchs aber nicht sehen konnten. Zitrusduft steht in unserer Gesellschaft für Sauberkeit, die meisten Putzmittel sind mit diesem Geruch angereichert. Die Teilnehmenden wurden auch hier in zwei Gruppen geteilt, in eine Kontrollgruppe und eine Versuchsgruppe. Zu Beginn mussten sie einen Fragebogen zu ihrer Person ausfüllen. Die Kontrollgruppe erledigte dies in einem neutralen Raum, die Versuchsgruppe in einem Raum, in dem versteckt ein Schälchen mit Zitrusduft stand, sodass das ganze Zimmer danach duftete. Nachdem alle den Fragebogen ausgefüllt hatten, wurden die Teilnehmenden in einen anderen Raum geschickt, in dem sie an einem Tisch einen Keks essen mussten, der sehr stark krümelte. Untersucht werden sollte das Sauberkeitsverhalten der Versuchspersonen, wie sehr sie darauf bedacht waren, den Tisch sauber zu halten. An der Decke war eine versteckte Kamera installiert, die die Anzahl der Handwischbewegungen aufzeichnete, mit denen die Versuchsteilnehmer die Krümel vom Tisch wischten. Das Experiment ergab, dass die Versuchsgruppe, die mit Zitrusduft auf Sauberkeit geprimt war, dreimal so oft wischte wie die Kontrollgruppe.

Bei einem weiteren Experiment wollten Wissenschaftler beweisen, dass das Tragen bestimmter Kleidungsstücke Auswirkung auf unsere Haltung und unser Verhalten hat (Adam & Galinsky, 2012). Dazu wurde den Versuchspersonen erklärt, dass amerikanische Behörden überlegten, bestimmte Berufsgruppen zwingend mit Berufskleidung auszustatten, und nun solle überprüft werden, welche Meinung die Bevölkerung zu diesen Kleidungsstücken habe. Bei dem Kleidungsstück handelte es sich um einen weißen Kittel, der für die eine Versuchsgruppe als Arztkittel beschrieben wurde und für die andere Gruppe als Künstlerkittel. Der Kittel musste in beiden Gruppen angelegt und während des Versuchs getragen werden.

Bevor es zum eigentlichen Versuch kam, der die Aufmerksamkeit der Versuchspersonen testen sollte, wurden die Teilnehmenden gebeten, einige Fragen über das Kleidungsstück zu beantworten, beispielsweise zu seinem Aussehen oder seiner Bedeutung.

Danach sollten sie auf einem Computerbildschirm auf zwei nebeneinander dargestellten Bildern Fehler suchen. Die Bilder waren bis auf jeweils vier kleine Unterschiede identisch. Insgesamt gab es vier Durchgänge, in denen die Anzahl der Fehler gemessen wurde, die die Versuchspersonen entdeckten. Die Teilnehmenden, die dachten, sie trügen einen Arztkittel, fanden 50 Prozent mehr Fehler, waren also sehr viel aufmerksamer als die vermeintlichen Künstler.

Diese Experimente zeigen, dass unser Verhalten, ohne dass wir es bewusst wahrnehmen, durch Priming beeinflusst werden kann (Kahnemann, 2012). Diesen Umstand wollen wir künftig für uns nutzen.

Zum Thema «Priming» gibt es Hunderte von Studien. In der Sozialpsychologie wird Priming benutzt, um Verhalten zu manipulieren. Doch nicht nur in der Wissenschaft ist Priming bekannt. Es wird oft in der Werbung oder im Marketing eingesetzt, aber auch im Alltag ist Priming allgegenwärtig. Der Ehering am Finger, die Streichholzschachtel aus der Stammkneipe, die Einkaufstüte von Aldi oder das Souvenir des letzten Urlaubs – all das ist Priming.

Wie ihr seht, werdet ihr den ganzen lieben langen Tag geprimt. Merkt euch: *Es ist nicht möglich, nicht zu primen!* Euer neues neuronales Netz zu eurem Motto-Ziel soll jetzt so oft wie möglich aktiviert werden. Dadurch wird es wachsen, stark werden und sich festigen.

Hüther (2001) spricht davon, dass es zwei Bedingungen gibt, um neuronale Verbindungen zu verstärken. Einerseits durch häufiges und andererseits durch erfolgreiches Benutzen. Dieses möglichst häufige Benutzen erreichen wir durch die Aktivierung des Netzes mittels Priming. Den Nervenzellen im Gehirn ist es egal, ob sie bewusst, also durch aktives Denken oder Handeln erregt werden, oder durch unbewusstes Aktivieren. Das Ergebnis ist dasselbe: Das neuronale Netz wird durch Aktivierung gestärkt.

Mit diesem Wissen könnt ihr euch nun auf eure neue Haltung primen, indem ihr euch mit Gegenständen umgebt, die euch an euer Motto-Ziel erinnern und so euer noch junges neuronales Netz aktivieren und stärken. Priming ermöglicht die fortwährende unbewusste Aktivierung eures neuen neuronalen Netzes, es ist eine angenehme und lustvolle Art des unbewussten Lernens.

Wir sind nun in der Welt der Gegenstände und machen wieder eine kleine Übung, damit euch verständlich wird, wie wir im Zürcher Ressourcen Modell mit der Priming-Methode arbeiten. Auf dem folgenden Flipchart habe ich euch ein neuronales Netz aufgezeichnet, mit dem wir das Primen üben wollen. Brigitte, können wir dazu dein Motto-Ziel nehmen?

Prima, dann ruft mir bitte Beispiele für Gegenstände, Gerüche oder Musik zu, mit denen sich Brigitte auf ihr Motto-Ziel primen kann.

«Brigitte kann doch Tennis spielen gehen», meldete sich René, «das tut ihr sicher gut, und sie wird da immer schön geprimt.»

Gut, dass du das ansprichst, René, Brigitte kann das gern machen, und es wird ihr auch mit Sicherheit guttun – allerdings ist dies etwas, woran sie bewusst denken muss. Das Tennisspielen ist kein Priming in unserem Sinne, da sie bewusst daran denken und aktiv zum Tennisplatz gehen muss. Natürlich kann sie sich während des Spiels auch primen, aber wir suchen

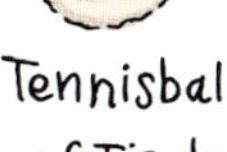

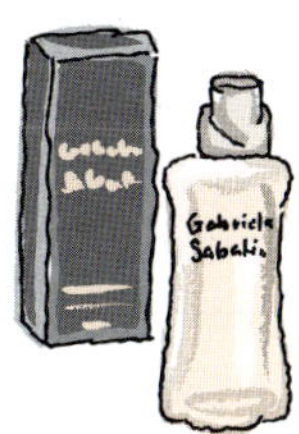

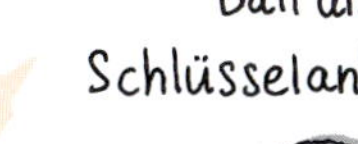

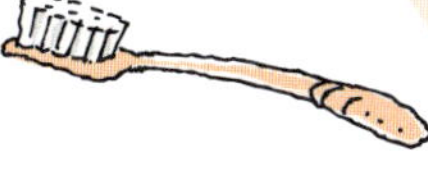

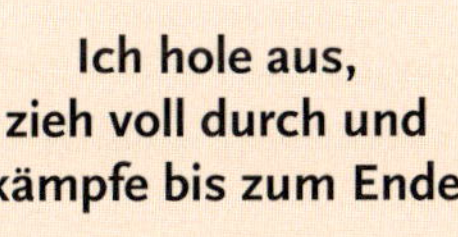

**Ich hole aus,
zieh voll durch und
kämpfe bis zum Ende**

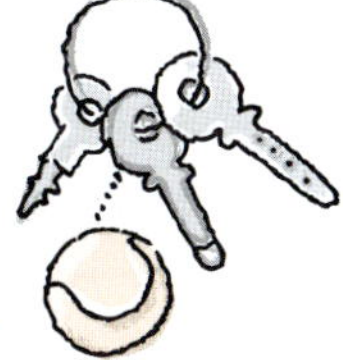

jetzt nach Gegenständen, die fortwährend durch unbewusste Aktivierung unseres neuen neuronalen Netzes dieses beim Wachstum unterstützen. Dies geschieht mit speziell dafür ausgewählten Gegenständen, mit denen wir unsere alltägliche Umgebung ausstaffieren.

Wir unterscheiden zwei Arten von Primes: Mobile Primes sind alle Gegenstände, die man bei sich tragen kann, wie zum Beispiel ein Schlüsselanhänger, Kleidung oder Parfüm. Stationäre Primes sind alle Gegenstände, die fest an einem Platz installiert werden, wie zum Beispiel die Bettwäsche, der Bildschirmhintergrund oder bestimmte Dekorationsgegenstände.

Es ist wichtig, beide Arten von Primes zu haben. Dadurch, dass ihr über den ganzen Tag von Primes umgeben seid, stellt ihr sicher, dass euer neues neuronales Netz die ganze Zeit unbewusst aktiviert wird, die Synapsen feuern und das Netz wächst und gestärkt wird. Dadurch seid ihr in der Lage, nach einiger Zeit euer Motto-Ziel immer dann zu aktivieren, wenn ihr es braucht. Damit euer Gehirn erkennt, dass der Gegenstand zum Motto-Ziel gehört und das erwünschte neuronale Netz aktiviert, ist es wichtig, dass ihr euch neue Gegenstände anschafft. Bereits vorhandene Gegenstände sind schon mit anderen Netzen verknüpft, und da die Aktivierung ja unbewusst geschieht, ist es enorm wichtig, sich neue Gegenstände zuzulegen, die das Gehirn noch nicht kennt. Wenn man mit «alten» Gegenständen arbeiten will, dann muss man an ihnen etwas verändern, sie so umgestalten, dass das Gehirn darauf aufmerksam wird und erkennt, dass dieser Gegenstand nun mit dem neuen Motto-Ziel in Verbindung steht. Ein Teilnehmer im letzten Kurs hatte das Motto-Ziel *Ich lebe meine blaue Südseeruhe*. Er hatte daheim zwei schöne Zimmerpalmen, die er für das Priming verwenden wollte. Dafür versah er beide Palmen mit neuen blauen Übertöpfen, streute Sand über die Erde und legte ein paar Muscheln darauf. So konnte er seine «alten» Palmen für das unbewusste Lernen seines Motto-Ziels benutzen.

Und nun seid ihr wieder an der Reihe. Ich teile euch in Gruppen ein, in denen ihr Ideen für Primes für euer Motto-Ziel erhaltet. Jeder wird sich danach aus dem Ideenkorb fünf mobile und fünf stationäre Primes aussuchen, die er oder sie sich innerhalb der nächsten Woche anschaffen wird. Euer Motto-Ziel-Netz ist im Moment noch ganz jung und klein, und eure Aufgabe ist es, durch die Arbeit mit Priming das Netz bei seinem Wachstum zu unterstützen.

Primes

Evelyne

Jack-Wolfskin-Aufkleber und -Jacke, Wolffeuerzeug, Zigarettenschachtelhülle, Stift, Wolfskin-Thermotasse, graue Ordner, Wolfsaugen kopieren und als Aufkleber in der Wohnung verteilen, Bildschirmhintergrund, Passwort, Wolfstasse, wolfsgraue Socken

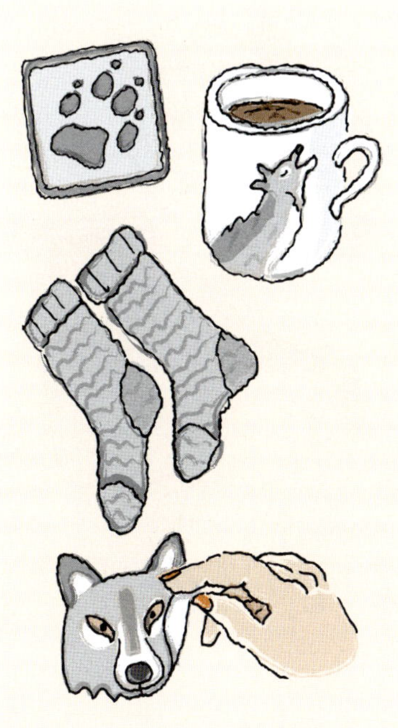

Jasmin

Klingelton «Die perfekte Welle», Surfbrett-Schlüsselanhänger, Stift mit Wasser gefüllt, Flipflops als Hausschuhe, Raumduft – Ozeanbrise, Passwort für Laptop, Meersalz zum Kochen, Schüttelkugel, Wellenposter überm Bett, Foto bei Facebook in Welle ändern

Primes

Brigitte

Parfüm Gabriella Sabatini, Schlüsselanhänger mit Ball, Perlenhalskette, Ringbuch mit Tennismotiv, gelber Langenscheidt, Tennisschläger über Schreibtisch, sportliche Schuhe, isotonisches Wasser, Tennisball, Schuhe, Stift oder Kugelschreiber, Lernkärtchen

René

Maus als Schlüsselanhänger, Handybild von Eule, Diddl-Ordner, Computermouse in Mausform, Plüscheule auf Schreibtisch, Eulen-Tattoo, Ablage mit Mäusebildern bekleben, Mäusespeck auf Tisch, Mousepad mit Eule

Primes

Martin

Puma-Sportschuhe, Indianerstatue, Puma-Sporttasche, Puma-Socken, Puma-Baseballkappe, Schlüsselanhänger mit Handschmeichler in Türkis, Adlerfeder, Winnetou-Buch auf dem Schreibtisch, Traumfänger ins Schlafzimmer, Bild von Puma oder Indianer als Bildschirmschoner

Wolfgang

Agenda bekleben, Klingelton Grunzen, rosa Textmarker, Glücksschwein am Schlüssel, Marzipanschwein auf Tisch, Schwein als Spardose, Schild mit Motto-Ziel an Bürotür, Motto-Ziel als Bildschirmschoner, Briefkopf mit rosa Klecksen

Wichteln

Auf die Frage der Kursleiterin, wer von der Gruppe denn das «Wichteln» kennt, meldete sich Martin: «Ich weiß ja nicht, wie ihr das hier im Kurs handhabt, aber bei uns in der Schule wird das Wichteln normalerweise in der Weihnachtszeit gemacht. Alle Personen, die sich am Wichteln beteiligen, schreiben ihren Namen auf einen Zettel, und dann zieht jeder sein – ähm, also in der Schule nennen wir das «Wichtelkind». Diesem Wichtelkind muss dann der Wichtel ein Geschenk zukommen lassen, ohne dass das Wichtelkind merkt, von wem das Geschenk ist.»

Das hat Martin korrekt erklärt, ich habe dem nicht mehr viel hinzuzufügen. Ihr werdet nun gleich auf einen Zettel euren Namen, euer Wunschelement oder eure Wunschelemente und euer Motto-Ziel schreiben. Dann mischen wir diese Zettel, und jeder zieht sein Wichtelkind, für das der Wichtel einen Priming-Gegenstand besorgen soll. Achtet bitte darauf, dass der Gegenstand auch wirklich zum Motto-Ziel eures Wichtelkindes passt. Ihr könnt diesen entweder in der Umgebung besorgen oder selbst basteln, eurer Fantasie sind keine Grenzen gesetzt. Wir machen dafür heute Vormittag dreißig Minuten früher Schluss. Wenn ihr euer Wichtelkind gezogen habt, gebt ihm euch bitte nicht zu erkennen, die Übergabe soll heimlich erfolgen. Ihr müsst im Laufe des Nachmittags das Geschenk auf oder unter dem Platz eures Wichtelkindes deponieren, ohne dass sie oder er es merkt, klar? Das ist die erste Aufgabe.

Als zweite Aufgabe sucht ihr euch noch einen eigenen Priming-Gegenstand, der zu eurem Motto-Ziel passt. Die beiden Aufgaben sollen euch zeigen, dass das Herstellen oder Besorgen von Primes nicht von langer Hand überlegt und vorbereitet sein muss. Falls ihr einmal in einer Situation, in der ihr eurer Motto-Ziel aktivieren wollt, keinen Prime zur Hand habt, seid ihr so in der Lage, euch binnen kürzester Zeit einen zu beschaffen. So geratet ihr nicht in die Abhängigkeit eines einzelnen Primes, wie das beispielsweise bei einem Talisman der Fall sein kann. Was ist der Unterschied zwischen einem Talisman und einem Prime? Der Unterschied besteht in der Vorstellung, die mit der Wirksamkeit eines Gegenstandes verbunden ist. Bei einem Talisman geht man davon aus, dass in dem Gegenstand Kräfte wohnen, die sich positiv auf einen auswirken: Nur wenn ich die Brosche meiner Großmutter bei mir habe, kann ich gute Vorträge halten. Und habe ich die Brosche daheim vergessen, bin ich wie gelähmt. Bei einem Prime dagegen kommt es nicht auf einen einzigen Gegenstand an, eine Sonnenblume kann durch eine andere ersetzt werden, Hauptsache, es ist eine Sonnenblume. Der Gegenstand aktiviert auf jeden Fall das erwünschte neuronale Netz, wodurch die erwünschte Wirkung auftritt. Psychologisch und neurologisch betrachtet macht ein Talisman genau das gleiche wie ein Prime, er aktiviert ein erwünschtes neuronales Netz. Im Gegensatz zu ihm ist es beim Prime jedoch kein Drama, wenn er einmal zu Hause vergessen wurde oder verloren gegangen ist. Dann organisiert man sich einfach schnell einen neuen Prime.

Ihr zieht jetzt gleich euer Wichtelkind, und vor dem Mittagessen habt ihr dreißig Minuten Zeit, um für euch und euer Wichtelkind je einen Prime zu besorgen. Nach der Auslosung des Wichtelkindes machen wir Kaffeepause.

Wolfgang, dachte Evelyne, ich habe Wolfgang gezogen. Also irgendwas mit Schweinen muss ich besorgen. Für mich hab ich zum Glück schon eine Idee, ich geh in den Jack-Wolfskin-Laden hier um die Ecke, da finde ich sicher was für meinen Wolf. Aber das mit dem Schwein wird schwierig, und das auch noch innerhalb einer halben Stunde. Ich könnte eins malen und ausschneiden, zehn rosa Moderationskarten zusammenkleben und sein Motto-Ziel draufschreiben, süßen Schweinespeck kaufen, aber wo bekomme ich den her? Das Kaufhaus ist zu weit weg, vielleicht haben die etwas in der Cafeteria? Da geh ich jetzt gleich hin und frage nach.

Während der Pause gesellte sie sich zu René und wollte mit ihm über sein Geschäft sprechen. Da entdeckte sie, als sie die Kaffeesahne in ihren Kaffee schüttete, auf dem Kaffeerahmdeckel ein Schwein. Sie entschuldigte sich bei René, sie habe da gerade eine Idee, sie sei in drei Minuten wieder zurück, er solle ihr die Daumen drücken. Die Bedienung in der Cafeteria gab ihr den gesamten Kaffeerahmdosenvorrat, damit Evelyne ihn nach Schweinen durchforsten konnte – und sie wurde prompt fündig. «Hiermit ist mein Wichtelgeschenkproblem gelöst», strahlte sie erleichtert René an. «Ich habe sechs schöne Schweinderl für den Wolfgang, und mein Prime wartet um die Ecke im Jack-Wolfskin-Laden auf mich. Jetzt kann ich meinen Kaffee ganz entspannt genießen, denn dafür reicht mir die halbe Stunde vor dem Mittag locker.»

René erzählte von seinem Geschäft und beantwortete gut gelaunt alle Fragen, die Evelyne zu den unterschiedlichen Bestattungsformen stellte. Als dann aber das Thema auf seine unangenehme Pflicht kam, wurde René merklich stiller. «Ich bin mal gespannt, wie ich in Zukunft mit meiner Buchhaltung zurechtkomme. Bisher ist es so, dass ich mich schon wie gelähmt fühle, wenn ich die Bürotür öffne, spätestens nach dreißig Minuten muss ich wieder raus. Ich habe es schon zu allen Zeiten versucht, frühmorgens, mittags und abends, aber ich halte es nie länger aus. Buchhaltung ist für mich so öde, so langweilig, so unkreativ, ich weiß gar nicht, wie man so etwas gern machen kann. Im Moment fühle ich mich gut, und gestern Abend habe ich probehalber auch schon mal einen Stapel Rechnungen sortiert. Ging prima, aber ob das wohl lange anhält und ob mir da ein anderer Bildschirmhintergrund reicht, weiß ich noch nicht so recht. Ich brauche einfach die Freiheit bei meiner Arbeit, die Möglichkeit zu improvisieren, Neues zu erfinden. Mir macht es Spaß, Probleme zu lösen, erfinderisch zu sein. So wie heute diese Aufgabe, für eine fremde Person in kurzer Zeit einen Prime zu finden – das finde ich spannend. Das geht mir auch bei meiner Arbeit oft so, ich weiß ja nie, was als Nächstes kommt, was das für ein Mensch war und was die Angehörigen für Vorstellungen haben. Jeder Fall ist anders, manchmal habe ich völlig freie Hand, kann machen, was ich will, und ein anderes Mal muss ich Kompromisse eingehen. Da haben die Kunden ganz genaue Vorstellungen, die ich nur schwer umsetzen kann. Dann wird es spannend, dann muss ich mir etwas einfallen lassen, und dabei blühe ich auf. Als Kind war mein Lieblingsspiel, aus einer großen Hand voller Legosteine etwas Bestimmtes zu bauen, nur mit dem zu arbeiten, was ich zur Verfügung hatte, und dabei alle Steine unterzubringen. Die Bausätze mit Anleitung fand ich langweilig. Ich wollte immer etwas erfinden, etwas entwickeln.»

«Ja, das mit dem Aufblühen kann man dir gut ansehen», lachte Evelyne, «du hast schon ganz rote Backen, nur allein vom Erzählen. Als Lego-Typ habe ich zu denjenigen gehört, die Bauanleitungen lieben, je komplizierter, desto besser. Nach genauen Vorgaben arbeiten, das finde ich heute noch toll, und deshalb trifft das, was du über Buchhaltung gesagt hast, in meinen Augen überhaupt nicht zu. Da bist du bei mir mit deinen Beschwerden an die Falsche geraten. Ich bin zu 50 Prozent bei einem Autohaus angestellt und dort für die Buchhaltung zuständig. Ich finde Zahlen alles andere als langweilig und öde. Klar, deine Kreativität ist beschränkt, da gibt's klare Regeln, die man nicht einfach umstoßen kann, nur weil man es dann spannender fände. Aber Spannung habe ich genug. Wenn ich den Monatsabschluss mache und meine Zahlen nicht übereinstimmen und wenn ich den Eingabefehler suchen muss, der oft nicht einmal meine Schuld ist, dann bin ich in meinem Element. Wenn zum Beispiel Preisabsprachen beim Autoverkauf stattgefunden haben, aber nicht schriftlich festgehalten wurden, oder wenn Rabatte gewährt oder Zusatzleistungen beigefügt wurden. Die dann richtig zu verbuchen, kann schon eine Herausforderung sein, und manchmal erfordert das auch ziemlich viel Kreativität. Außerdem muss ich zu Hause mit meinen beiden Kindern oft genug kreativ und erfinderisch sein, das reicht mir dann schon, da brauche ich nicht auch noch Chaos bei der Arbeit. Allerdings achte ich bei meinem Arbeitsplatz sehr darauf, dass er hell und warm ist, und frische Blumen müssen auch immer da sein. In einem kleinen grauen Kämmerchen könnte ich nicht arbeiten, wie sieht's denn da bei dir aus?»

«Uiii, da hast du meinen wunden Punkt getroffen», gab René kleinlaut zu, «mein Büro, wenn ich das überhaupt so nennen kann, ist in einem neun Quadratmeter großen oder besser kleinen Raum untergebracht. Den nutze ich auch noch gleichzeitig als Lagerraum für Kleinkram. Da geht's schon ziemlich eng zu. Hell und warm ist es nur, wenn ich Licht und Heizung anmache.»

«Dann ist es ja auch kein Wunder, wenn du nach dreißig Minuten raus musst, das ginge mir nicht anders. Ein bisschen wundert mich das jetzt schon, kreativ und erfinderisch, wie du bist, hätte ich ein buntes und flippiges Büro erwartet. Wir können uns gern nach dem Seminar bei dir treffen, und ich gebe dir ein paar Tipps zur richtigen Arbeitsplatzgestaltung», schlug Evelyne vor.

Primes und Negativprimes am Arbeitsplatz

Ich hoffe, ihr seid frisch gestärkt. Nun beleuchten wir das Thema «Priming» noch von einer anderen Seite. Bisher haben wir von Gegenständen gesprochen, die euch bei eurer neuen Haltung unterstützen. Diese sind wichtig, denn so könnt ihr unbewusst ständig das neue neuronale Netz aktivieren und somit auf sehr angenehme Art unbewusst lernen. Bei Primes gilt die Devise: Je mehr, desto besser, ein Zuviel an Primes gibt es nicht.

Nun geht es noch um Gegenstände in eurem Umfeld, die das Gegenteil bewirken. Im Zürcher Ressourcen Modell nennen wir sie «Negativprimes». Überlegt euch mal bitte, welche Gegenstände euch umgeben, welche Gegenstände ihr bei euch tragt, die möglicherweise unerwünschte neuronale Netze aktivieren. Durch die Aktivierung unerwünschter Netze können diese Gegenstände euch von eurem neuen Vorhaben abhalten. Sie erinnern unbewusst an altes Verhalten oder ungeliebte Ereignisse.

Wenn mir Tante Hertha, die ich nicht besonders leiden kann, weil sie mich immer mit guten Ratschlägen zu meinem Leben belästigt, eine scheußliche Vase geschenkt hat und einmal im Jahr zu Besuch kommt, dann reicht es völlig aus, wenn ich diese Vase an dem Besuchstag aus dem Versteck hole. Ich muss nicht die restlichen 364 Tage des Jahres unbewusst das Tante-Herta-Netz aktivieren. Wenn ich von diesen Negativprimes erzähle, kommen den Teilnehmenden auch oft Gegenstände von Verflossenen in den Sinn, die immer noch in der Wohnung stehen und nicht immer mit guten Erinnerungen behaftet sind. Die Negativprimes sollten am besten entsorgt werden oder zumindest an einen Platz verschwinden, an dem wir sie nicht ständig sehen.

Nach dem Kurs habt ihr die Aufgabe, auf die Suche nach Negativprimes zu gehen. Schaut euch in eurer Wohnung und speziell an eurem Arbeitsplatz um, welche Gegenstände sich dort befinden, und fragt euch, welche neuronalen Netze diese aktivieren und ob ihr das wollt. Wenn ihr es nicht wollt, dann entsorgt den Gegenstand. Das Ausmisten von Negativprimes wird von vielen Menschen als eine Erleichterung beschrieben. Da die meisten von euch eine unangenehme Pflicht im Arbeitsbereich haben, ist es wichtig, dass ihr ein besonderes Augenmerk auf euren Arbeitsplatz und die dort vorhandenen Gegenstände richtet. Hat hierzu jemand schon eine Idee, was er bezüglich Negativprimes an seinem Arbeitsplatz verändern möchte?

«Ich glaube, ich hab da was», meldete sich Jasmin, «über meinem Schreibtisch hängt ein Poster mit Partyfotos. Negativ find ich das zwar nicht, jedes Mal, wenn ich draufgucke, entdecke ich wieder neue Details und schwelge dann in diesen Erinnerungen. Aber für mein Lernziel ist es im Moment, glaub ich, nicht förderlich. Ich werde das durch ein Poster von einer Riesenwelle mit einem Surfer drauf ersetzen.»

Das ist ein schönes Beispiel, Jasmin, richtig. In unserem Sinn ist das ein Negativprime, zumindest für den Zeitraum deiner Masterarbeit. Je nachdem, ob ihr ein Motto-Ziel habt, das nur für einen bestimmten Zeitraum oder nur für eine bestimmte Aufgabe steht, kann ein Gegenstand auch nur für diese Zeitspanne ein Negativprime sein. Wenn du deine Masterarbeit fertig hast, spricht nichts dagegen, dass du dein Partyposter wieder aufhängst.

«Ich habe überhaupt keinen Arbeitsplatz, also keinen, an dem ich mich in Bezug auf mein Sportziel aufhalte», warf Martin aufgeregt in die Runde, «ich will das ja in meiner Freizeit machen und nicht, während ich arbeite. Was kann ich denn da machen, ist der Kurs jetzt hier für mich zu Ende? Reicht mir dann das Motto-Ziel aus, und ich mache ab sofort ganz automatisch mehr Sport? War nicht die Rede davon, dass es am zweiten Tag um den Transfer des Motto-Ziels in den Alltag geht? Wenn dafür aber ein Arbeitsplatz nötig ist, dann geht's bei mir ja nicht weiter, oder ist etwa meine Wohnung dann für mich der Arbeitsplatz? Weil ich ja dort an mein Motto-Ziel erinnert werden will? Müsste ich dann zu Hause nach den Negativprimes suchen? Etwa mein Lieblingssessel, in dem ich so gern sitze und lese? Aber den nutze ich ja aktiv, da setze ich mich ja rein, wenn ich lesen will. Dann schon eher der Blick meiner Frau, der mir ein schlechtes Gewissen macht, wenn ich mich auf den Weg machen will. Aber ich kann ja nicht meine Frau als Negativprime hernehmen, versteht mich richtig, ich liebe meine Frau, und wir haben viele Gemeinsamkeiten. Nur wenn ich etwas allein unternehmen will, das mag sie eben nicht so gern, am liebsten würde sie alles gemeinsam mit mir machen. Nur eben keinen Sport, Sport mochte sie noch nie, und ins Fitnessstudio würden sie keine zehn Pferde bringen. Meiner Frau die Schuld daran geben, dass ich nicht zum Sport gehe, will ich nun wirklich nicht. Bis gestern dachte ich, es sei alles nur eine Frage der Disziplin, ich müsste nur strenger mit mir sein, dann würde das schon klappen. Andererseits leuchtet mir die Theorie vom Unbewussten ein, aber das heißt ja auch, ich muss herausfinden, was mich jetzt noch davon abhält, zum Sport zu gehen, oder? Jetzt bin ich wohl vom Thema abgeschweift. Meine Frage war eigentlich, wo sich denn nun mein Arbeitsplatz mit den Negativprimes befindet oder was ich tun muss, wenn ich keinen habe.»

Lieber Martin, ich werde versuchen, all deine Fragen nacheinander zu beantworten, und hoffe, dir so deine Sorgen und Zweifel zu nehmen. Als Erstes lass mich darauf hinweisen, dass wir noch nicht am Ende des Kurses angekommen sind. Einige deiner Fragen werden sich im weiteren Verlauf von selbst beantworten. Natürlich ist der Kurs hier für dich noch nicht zu Ende, auch wenn bereits dein Motto-Ziel und die Arbeit mit den Primes ausreichen würden, um deinem Sportziel näher zu kommen. Allerdings kann von automatisch noch nicht die Rede sein, das dauert noch ein Weilchen, bis dein neuronales Netz stark und groß ist und von selbst anspringt. Und ja, heute findet der Transfer in den Alltag statt, die Primes und Negativprimes sind hierfür ein erster wichtiger Schritt. Als Nächstes folgt die Arbeitsplatzgestaltung. Du kannst hierfür selbstverständlich deine Wohnung nehmen, in der du an strategisch geschickten Plätzen deine Indianer-Puma-Primes installierst, da du ja von dort aus deine sportlichen Aktivitäten starten willst. Dein Sessel könnte ein Negativprime sein. Aber das kannst nur du entscheiden, ob das so ist, wenn du nämlich das Gefühl hast, dass dich das Lesen vom Sport abhält. Falls ja, kannst du dir einen Puma- oder Indianer-Prime am Sessel montieren, beispielsweise ein Kissen in Puma-Optik. Deine Frau ist kein Negativprime, sie zählen wir zu den Hindernissen, zu denen wir heute noch kommen werden. Dein schlechtes Gewissen, wenn du allein Sport machen willst, fällt auch in diese Kategorie. Das kommt aber alles noch. Ich hoffe, ich konnte deine Fragen in der richtigen Reihenfolge beantworten, sie waren alle berechtigt und gut. Um dir bei deiner speziellen «Arbeitsplatzgestaltung» zu helfen, bekommst du jetzt einen Ideenkorb von der Gruppe dazu, wie und was du zu Hause machen kannst, um möglichst konstant dein Motto-Ziel aktiv zu halten. Dazu ist es wichtig, dass man sich überlegt, wo überall Gefahren und Ablenkungen lauern könnten, um an diesen Stellen Primes zu platzieren. Wir gehen jetzt Schritt für Schritt durch deine Wohnung und geben dir nacheinander Ideen für Primes.

Ideenkorb für Primes am Arbeitsplatz für Martin

Arbeitsblatt

Auf dem Weg nach Hause:

Puma-Aufkleber auf Fahrradklingel

Vor Betreten der Wohnung:

eine neue Fußmatte, die zum Indianer/Puma passt
ein kleiner Marterpfahl beim Eingang
Schlüsselanhänger mit Feder

Eingang Wohnung:

Puma-Sporttasche und Puma-Schuhe
sichtbar an der Garderobe platzieren
Traumfänger im Flur anbringen
Puma-Sticker an Flurspiegel

In der Wohnung:

Indianerkaffeetasse in der Küche
Bildschirmhintergrund von Indianerhäuptling am Computer
kleiner Indianer auf dem Fernseher
ein neues Kissen in Puma-Optik auf Lieblingssessel

«Danke für eure Ideen, da finde ich sicher einiges, das sich verwenden lässt. Ob ich unsere Wohnung über Nacht in ein Tipi umwandeln kann, weiß ich noch nicht, aber mit der Zeit lässt sich da sicher etwas machen», feixte Martin. «Ich wollte das Seminar wirklich nicht unterbrechen und mich in den Vordergrund drängen, aber wenn ich das Gefühl habe, etwas nicht zu verstehen, dann muss ich das klären, bevor ich weitermachen kann. Sonst bleiben meine Gedanken immer an diesem einen unklaren Punkt hängen, und ich habe Mühe, dem weiteren Verlauf zu folgen. Meistens liege ich ja gar nicht so falsch mit meinen Gedanken, aber ich brauche eben Gewissheit, das Ungefähre liegt mir ganz und gar nicht. Das liegt wahrscheinlich daran, dass ich der Fehlersuch-Gruppe angehöre.»

Eigentlich geht's mir ja ganz ähnlich, dachte Evelyne. Ungewissheit kann ich auch schlecht ertragen. Aber dem Martin scheint das mehr auszumachen als mir, ich hätte jetzt noch ein bisschen warten können, obwohl mir ähnliche Gedanken auch schon durch den Kopf gegangen sind. Irgendwie beruhigend zu wissen, dass es Menschen gibt, die sich mit den gleichen Problemen herumschlagen wie ich. Wie Martin lernt, mit dem Blick seiner Frau umzugehen, interessiert mich brennend. Das könnte ich auch gut für Mutter brauchen, ich kenn das nur zu gut. Ich glaube, ich werde mal mit Martin darüber sprechen, warum er sich von seiner Frau so beeinflussen lässt. Ich dachte, das sei bei mir das klassische Mutter-Tochter-Problem.

«Also, wenn das so einfach geht, dann hätte ich auch gern noch einen Riesenideenkorb von euch», meldete sich René zu Wort. «Ich habe nämlich vorhin festgestellt, dass mein Arbeitsplatz ein einziger Negativprime ist und komplett umgestaltet werden muss. Ich sag's euch aber gleich, bei mir reicht es nicht, eine Eulenfeder am Spiegel zu befestigen, ich brauche eine Rundum-Erneuerung. Evelyne hat mich vorhin beim Kaffeetrinken gefragt, wie mein Arbeitsplatz aussieht, und da musste ich zugeben, dass ich ihn am scheußlichsten Ort im ganzen Betrieb untergebracht habe. Dort ist es kalt, eng und dunkel, aber auch Bestatter brauchen Licht und Wärme», lachte er. «Einen neuen Platz habe ich mir schon ausgedacht, warm und hell ist es dort, aber für die Gestaltung könnte ich noch ein paar Anregungen brauchen. Ach ja, er ist außerhalb vom Kundenbereich, ihr könnt also eurer Fantasie freien Lauf lassen.»

Lieber René, ihr werdet nun wieder in Gruppen eingeteilt, und da geht es genau um diese Aufgabe, die Gestaltung des Arbeitsplatzes. Du wirst also gleich einen tollen Ideenkorb erhalten.

«Ich brauche dringend eure Unterstützung», sagte Evelyne zu ihrer Gruppe. «Ich will mich auf das Wichtige konzentrieren können, mich weniger ablenken lassen von anderen Aufgaben, die auch noch anstehen. Und mein Arbeitsplatz ist eigentlich das ganze Haus und nicht nur mein Schreibtisch. Klar kann ich meinen Schreibtisch so vorbereiten, dass ich möglichst oft an mein Motto-Ziel erinnert werde, und mich dort auch wohlfühle. Aber was ist mit den ganzen andern Aufgaben, die im Haus noch so anfallen? Wisst ihr, wenn ich im Autohaus an meinem Schreibtisch sitze und die Buchhaltung mache, ist mein Chef der Einzige, der mich ablenkt, wenn er mal wieder ganz Eiliges von mir will. Aber damit kann ich mittlerweile gut umgehen, das nervt mich dann vielleicht in dem Moment, bringt mich aber nicht aus dem Konzept. Aber daheim gibt es ja noch mehr als meinen Schreibtisch, da habe ich an jeder Ecke eine Aufgabe oder besser einen Brandherd, den ich löschen müsste.

Die Pflanzen brauchen Wasser, die Socken müssen in die Wäsche, hinter der Kinderzimmertür entdecke ich Staubflusen, das Waschmittel ist alle, und wenn ich schon einkaufen gehe, kann ich auch gleich noch in die Apotheke, um neuen Hustensaft zu kaufen. Und genau das bringt mich dann von meiner Spur ab, raubt mir die Zeit und überfordert mich am Ende. Irgendwann weiß ich nicht mehr, was ich eigentlich vorhatte, und wenn es mir dann endlich wieder einfällt, ist es oft schon wieder so spät, dass ich es kaum noch schaffen kann. Am Abend habe ich dann das Gefühl, alles nur angefangen und nichts zu Ende gebracht zu haben und nichts von meiner Liste streichen zu können. Wisst ihr, von was ich spreche, oder geht es nur mir so?»

«Dann geht's dir ja ähnlich wie mir», antwortete ihr Jasmin, «mit dem kleinen Unterschied, dass ich meine Ablenkungen einfach ignorieren kann und dabei nichts Wichtiges unerledigt lasse. Meine Ablenkungen sind Freizeit und Freunde, die kann ich ruhig mal ein paar Stunden warten lassen. Aber du kannst ja den Haushalt oder die Kinder nicht einfach ignorieren. Du müsstest eher mit wachen Augen deine Spur verfolgen, ja genau, deine Spur verfolgen, also an deiner wichtigsten Aufgabe dranbleiben und gleichzeitig so aufmerksam sein, dass dir dein Umfeld nicht völlig entgeht. Wie ein Wolf eben, der schnüffeln, an seiner Fährte dran bleiben und gleichzeitig wachsam sein kann.»

«Dann musst du eben deine Wolfsbilder überall dort anbringen, wo Ablenkung lauert, also überall dort, wo du dich normalerweise verzettelst», riet Wolfgang. «So kannst du in jedem Moment neu entscheiden, ob das jetzt wichtig ist oder warten kann. So will ich das auch machen, will überall dort ein Schwein parat haben, wo ich auf meine Arbeiter treffen kann.»

«Und dein Wolfsbild kannst du im Copy-Shop so verkleinern lassen, dass es gar nicht auffällt, wenn es irgendwo klebt», schlug Martin vor. «Ich kopiere in der Schule fast täglich – vergrößern und verkleinern, alles Mögliche. Daher weiß ich, dass man bis auf Daumennagelgröße verkleinern kann. Du musst dann nur die Taste ‹Zoomfaktor› drücken, danach auf ‹Menü› gehen und dort das Abbildungsverhältnis wählen. Wenn du es verkleinern willst, stellst du die Prozentzahl kleiner ein, es berechnet sich ja von der normalen Größe, also von 100 Prozent, das heißt, du wählst die kleinstmögliche Einheit, bei uns in der Schule sind das 25 Prozent. Vielleicht haben die im Copy-Shop ja auch noch ein geringeres Abbildungsverhältnis, das kannst du sehen oder erfragen.»

«Ihr seid toll, danke für die Ideen, das ist die Lösung, die ich gebraucht habe», jubelte Evelyne. «Ich verteile im ganzen Haus Bilder von meinem Wolf, der mich dran erinnern soll, meiner Fährte zu folgen. Ich muss dranbleiben an einer Arbeit und sie zu Ende bringen, das kam mir jetzt wie eine Erleuchtung. Das ständige Wiederanfangen raubt mir die Energie, nicht die Aufgaben selber. Und dann benutze ich natürlich zusätzlich zu diesen Bildern noch andere Wolf-Primes wie meine Wolfskaffeetasse und meine Hausschuhe, die ich mir beim Kauf danach aussuchen werde, dass sie möglichst nach Wolfsfell aussehen. Die hab ich dann immer zu Hause an und bin so doppelt und dreifach geprimt.»

Ideenkorb für Primes am Arbeitsplatz

Jasmin

Cursor am Computerbildschirm als Surfbrett, Wellenposter mit Surfer, Glasschale mit Sand, Surfer in Schüttelkugel, Bleistiftanspitzer in Vespahelm-Form, Surfkalender mit blau eingetragenen Lerntagen, Ozeanbrise-Raumduft, wellenblauer Kugelschreiber, Surffinne an die Wand hängen, Spielzeugvespa

Brigitte

Tennisschläger an der Wand, Ordner mit Tennismotiv, gelbes Schulheft für Englischkurs, Gabriella-Sabatini-Parfüm, Tennisball mit ins Büro, gelber Stressball, gelber Kugelschreiber, gelber Englischduden

Ideenkorb für Primes am Arbeitsplatz

René

bernsteinfarbene Wände (wie Eulenaugen), Eulenuhr an die Wand, Duftlicht in Eulenform, Eulenkaffeetasse, neuer mausgrauer Bürostuhl, Computermouse in Mausform, Eichentisch als Schreibtisch (Eulen sitzen gern auf Eichen), Mousepad mit Eule bedrucken lassen

Wolfgang

Schild mit Motto-Ziel an Bürotür, Schweineposter an der Wand, Grunzklingelton auf Handy, Auftragsbuch mit Schweinenase drauf, rosa Post-it-Zettel, süßer Schweinespeck auf Schreibtisch, Mitarbeitergesprächstermine mit rosa Textmarker in Terminkalender markieren, Schweinekaffeetasse, Briefkopf mit Schweinchen oder in Rosa ändern

Mein Ideenkorb für Primes am Arbeitsplatz

Arbeitsblatt

Ihr habt nun alle einen Ideenkorb zu eurem Arbeitsplatz erhalten. Nach der Mittagspause werden wir mit diesem Ideenkorb weiterarbeiten. Und jetzt habt ihr, wie versprochen, dreißig Minuten Zeit, das Wichtelgeschenk und einen Prime für euch zu besorgen.

Im Jack-Wolfskin-Laden kaufte sich Evelyne eine Thermokaffeetasse und entdeckte bei der Kasse Wolfstatzen-Aufkleber, mit denen sie sich eindeckte. Während der Mittagspause setzte sie sich neben Martin, um mit ihm über die Blicke seiner Frau zu sprechen. Nachdem Martin ihr noch einmal ausführlich die Einstellungen am Kopierer erklärt hatte, konnte Evelyne endlich ihre Frage stellen und erfuhr Erstaunliches.

«Weißt du», begann Martin, «ich rede nicht sehr oft über meine Beziehung. Dass ich mich hier in der Gruppe so geöffnet habe, hat mich selbst gewundert. Das liegt wohl an der Stimmung hier und daran, dass jede und jeder etwas Persönliches von sich preisgibt, das von niemandem dumm kommentiert, sondern ernst genommen wird. Meine Frau kenne ich schon seit meiner Schulzeit, eine Sandkastenliebe sozusagen. Wir gingen auf die gleiche Schule und haben an der gleichen Uni studiert. Sie ist auch Lehrerin, für Deutsch und Französisch, und wir haben gleich nach dem Studium geheiratet. Meine Frau ist, wie soll ich sagen, sehr patent und kann gut organisieren, sie ist diszipliniert und konsequent und hat immer alles im Griff. Sie hat also viele Eigenschaften, die mir fehlen oder in denen ich zumindest noch Verbesserungsbedarf hätte.

Als dann unsere Zwillinge zur Welt kamen und sie sich um die Erziehung kümmerte, hat sie mich wohl irgendwann als drittes Kind angesehen und einfach miterzogen, so war jedenfalls mein Gefühl. Am Anfang hatte ich auch nichts dagegen, es war ja bequem für mich, obwohl mich schon manches gestört hat. Ich bin aber überhaupt nicht der Typ, der sich gern streitet, ich rede lieber in Ruhe über etwas oder gebe nach, wenn es zur Auseinandersetzung kommt. Meine Frau hat da ein ganz anderes Naturell. Sie ist eher dominant. Versteh mich richtig, sie ist keine Tyrannin, nein wirklich nicht, aber sie weiß genau, was sie will, und das will sie dann auch durchsetzen. Und so habe ich wohl den richtigen Zeitpunkt verpasst, um mir meinen nötigen Freiraum zu schaffen. Damit muss ich jetzt wohl leben.» Evelyne konnte ein leichtes Schulterzucken bei Martin beobachten.

«Jetzt aber zu meinem Problem mit dem Sport. Meine Frau will am liebsten alles mit mir zusammen machen und betrachtet meine sportlichen Aktivitäten mit Argwohn. Vielleicht ist sie ja eifersüchtig und befürchtet, ich würde im Studio andere Frauen kennenlernen», prustete Martin, «aber das wäre wirklich lächerlich. Guck mich an, ich bin nun wirklich kein Frauenheld, aber mein Bäuchlein hätte ich gern los, nur für mich, weil es mich beim Bücken stört. Ich denke, mit meinem Motto-Ziel und den Primes, die ich nach und nach in der Wohnung installieren werde, habe ich mein Sportvorhaben immer vor Augen und werde sicher auch öfters gehen. Was ich aber eigentlich noch bräuchte, wäre etwas, um mich mit meiner Frau zu einigen. Aber das geht ja nicht, das liegt ja nicht in meiner Macht, meine Frau so weit zu bringen, dass sie mir viel Spaß beim Sport wünscht. Mit so einer Formulierung würde ich ja Regel zwei der Kriterien für ein Motto-Ziel brechen, da dieses Ziel nicht unter meiner Kontrolle ist. Doch nun rede ich schon seit fast zehn Minuten von mir und meiner Frau, ich hoffe, ich habe dich damit nicht gelangweilt. Es gibt sicher spannendere Themen für eine Mittagspause.»

Nachdem Evelyne Martin versichert hatte, dass sie sich überhaupt nicht langweile, sondern ganz im Gegenteil dieses Thema sehr interessant fände, und ihm von ihrem Problem mit ihrer Mutter erzählt hatte, atmete Martin erleichtert auf. «Das ist ja beruhigend, dass dir das auch so geht. Weißt du, meine Mutter ist ähnlich wie deine. Vielleicht habe ich mir ja deshalb auch meine Frau ausgesucht, weil ich das nicht anders kenne und immer gut gefahren bin damit, aber das ist nur so eine Theorie von mir. Das Erstaunliche an der ganzen Situation ist, dass meine Frau und meine Mutter größte Probleme miteinander haben und sich das, was mir zu schaffen macht, also ihre Dominanz und den Hang, bestimmen zu wollen, gegenseitig vorwerfen und entsetzlich finden.

Einmal habe ich versucht, meine Frau darauf hinzuweisen, dass sie ja meiner Mutter in der Beziehung ähnlich sei, aber das mache ich kein zweites Mal. Da hatte ich eine Woche Feuer unterm Deck. Aber schon in der Bibel steht ja ‹Was siehst du aber den Splitter in deines Bruders Auge, und den Balken in deinem Auge nimmst du nicht wahr?› Ich würde ja gerne wissen, was mein Balken ist. Den hat ja wohl jeder Mensch, ob man das selber auch rausfinden kann? Oder können das nur die anderen sehen? Sind das dann die eigenen Schwächen, die man bei anderen entdeckt und über die man sich ärgert?», sinnierte Martin.

«Ich bin gespannt, was heute Nachmittag kommt, wie der Transfer in den Alltag weitergeht. Das mit meiner Frau und deiner Mutter behalte ich im Hinterkopf, und bei Gelegenheit frage ich bei der Kursleitung nach, was man da machen kann, ob das ein neues Motto-Ziel wäre. Natürlich nur, wenn es dir recht ist. Ich halte mich jetzt aber erst einmal ein bisschen zurück, ich bin ja heute Morgen schon aufgefallen, und das will ich eigentlich gar nicht», schüttelte Martin den Kopf und blickte Evelyne an. «Du bist immer so ruhig und entspannt, so als hättest du alles im Griff, würdest alles verstehen und dir nie Sorgen machen. So wäre ich auch gern. Meine Unsicherheit, mein Hang zu Pingeligkeit und mein ständiges Grübeln würde ich gerne abstellen oder wenigstens reduzieren. Dein Wolf gefällt mir gut, ich glaube, sobald ich das mit meinem Sport im Griff habe, mache ich mir ein neues Motto-Ziel, so nach sechs Monaten, oder was hat sie da gesagt? Gab es eine zeitliche Vorschrift, wie lange man warten muss, bevor man sich ein neues Vorhaben vorknöpft? Siehst du, genau das meine ich, das würde ich gerne abstellen können, dieses sofort Sorgen machen und Panik schieben, etwas falsch zu machen oder falsch verstanden zu haben. Ohhh, schau mal auf die Uhr, in fünf Minuten geht's weiter», stellte Martin fest, stand auf und ging.

Ich hätte ihm vielleicht sagen sollen, dass auch ich nicht immer so ruhig und gelassen bin, aber ich hatte ja gar keine Chance, etwas zu sagen, dachte sich Evelyne.

Arbeitsplatzgestaltung

Nun kommen wir zu eurer konkreten Arbeitsplatzgestaltung. Die Ideen dafür habt ihr ja bereits vor dem Mittagessen erhalten. Ihr werdet gleich in Zweiergruppen eingeteilt und könnt zusammen die Beispiele aus eurem Ideenkorb für das Ausfüllen des folgenden Arbeitsblattes benutzen. Es gilt nun den Verstand einzusetzen, zu planen und die Neugestaltung strategisch klug in Angriff zu nehmen. Achtet dabei bitte auch auf die Realisierbarkeit. Das Arbeitsblatt ist selbsterklärend, bitte füllt Punkt für Punkt aus. Pro Person habt ihr dazu 15 Minuten Zeit, also insgesamt eine halbe Stunde. Zur Veranschaulichung gehen wir das Blatt von Brigittes Arbeitsplatz einmal zusammen durch.

Mein neuer Arbeitsplatz von Brigitte

Arbeitsblatt

- Mein Arbeitsplatz befindet sich:

Zu Hause im Arbeitszimmer

- Meine Aufgabe an meinem Arbeitsplatz:

Englisch lernen, auch nach der Arbeit und am Wochenende

- Diese Negativprimes werde ich an meinem Arbeitsplatz entfernen:

Eine goldene Buddhafigur, die ich von einer Freundin geschenkt bekommen habe und die bei mir eher Ruhe, Gelassenheit und Entspannung hervorruft und dadurch eventuell in Konkurrenz zu meinem Tennis-Motto-Ziel stehen könnte

- Diese Primes werde ich an meinem Arbeitsplatz fest installieren:

Tennisschläger überm Tisch, Ringbuch mit Tennismotiv, Tennisball im Büro, gelber Kugelschreiber, gelber Textmarker, gelbe Post-it-Zettelchen, Tennisbild als Bildschirmhintergrund, mein neuer gelber Englischduden

- An folgenden «Gefahrenstellen» muss ich mit Ablenkung rechnen und installiere hier entsprechende Primes:

Tennisgelbe Kerze auf Sofatischchen, ein kleiner goldener Pokal auf dem Fernseher, in der Küche und im Kühlschrank isotonische Getränke

Mein neuer Arbeitsplatz von Brigitte

Arbeitsblatt

- Sonstige räumliche Veränderungen, die ich an meinem neuen Arbeitsplatz vornehmen werde:

Ich werde meinen Schreibtisch weg vom Fenster an eine Wand stellen und an die Wand einen Tennisschläger hängen.

- Skizze meines neuen Arbeitsplatzes:

Mein neuer Arbeitsplatz

Arbeitsblatt

- Mein Arbeitsplatz befindet sich:

....

....

- Meine Aufgabe an meinem Arbeitsplatz:

....

....

- Diese Negativprimes werde ich an meinem Arbeitsplatz entfernen:

....

....

....

....

- Diese Primes werde ich an meinem Arbeitsplatz fest installieren:

....

....

....

....

- An folgenden «Gefahrenstellen» muss ich mit Ablenkung rechnen und installiere hier entsprechende Primes:

....

....

....

....

Mein neuer Arbeitsplatz

Arbeitsblatt

- Sonstige räumliche Veränderungen, die ich an meinem neuen Arbeitsplatz vornehmen werde:

....

....

....

....

- Skizze meines neuen Arbeitsplatzes:

Gibt es zum Thema «Arbeitsplatzgestaltung» noch irgendwelche Fragen?

«Fragen habe ich keine dazu», bemerkte Brigitte, «für mich war das ein sehr hilfreicher Schritt, mir mal wirklich genau zu überlegen, was mich an meinem Arbeitsplatz vielleicht ablenken könnte. In Bezug auf meinen Arbeitsplatz zu Hause, an dem ich Englisch lernen will, ging das ganz gut. Doch dann kam mir mein Arbeitsplatz in der Firma in den Sinn, und ich bin da mal gedanklich durchgegangen, ob dort irgendwelche Negativprimes oder Gefahren lauern. Mein Büro habe ich von meinem Vorgänger übernommen. Ich hatte zu ihm ein ziemlich angespanntes Verhältnis, aber nicht nur ich, eigentlich die ganze Abteilung. Der war, wie soll ich sagen, ein sehr spezieller Typ, der hinter allem eine Verschwörung gesehen hat, der niemandem traute und zu allen unfreundlich war. Als er dann versetzt wurde und ich seine Position und sein Büro übernahm, habe ich zwar alles von ihm entfernt, was auf die Schnelle zu entfernen war, aber im Grunde ist der Raum so geblieben, wie er ihn hinterlassen hat, das heißt, alle Möbel sind gleich geblieben und stehen auch noch am selben Ort. Und es gibt immer wieder Momente, da kann ich ihn regelrecht spüren. Kennt ihr das auch, so als ob er hinter mir stünde.

Ja, und mir ist jetzt bei diesem Arbeitsschritt klar geworden, woran das liegt. Gleich morgen werde ich dieses Büro in Angriff nehmen und bei meinem Chef die gewünschten Veränderungen anmelden. Ich werde eine Renovierung und neue Möbel beantragen, das können die in den zwei Wochen machen, während ich in Amerika bei unserem Tochterunternehmen bin», beschloss Brigitte. «Apropos anmelden, ihr werdet es nicht glauben. Ich habe mich gestern Abend endlich bei der Sprachschule für den nächsten Englischkurs angemeldet», erzählte sie stolz. «Als ich das meinem Mann gesagt habe, hat er sofort eine Flasche Wein aufgemacht und mit mir darauf angestoßen. In solchen Situationen lobt er mich immer, und obwohl mir das manchmal ein bisschen kindisch vorkommt, tut es mir unheimlich gut.»

Das ist eine gute Idee, Brigitte, deinen Arbeitsplatz auch in Hinblick darauf zu überprüfen, ob du dich an ihm wohlfühlst. Und dass dein Vorgänger durch seine Möbel immer noch mit seiner Aura präsent ist, spricht für dein feines Gespür. Dein momentanes Büro primt dich noch zu sehr auf deinen

Vorgänger. Wie du richtig erkannt hast, handelt es sich in deinem Fall sehr wahrscheinlich bei all den Möbeln um Negativprimes, die das neuronale Netz zu deinem Vorgänger aktivieren. Zu der Anmeldung gratuliere ich dir, das war ja wirklich prompt, sehr schön! Es kommt manches Mal vor, dass unsere Teilnehmenden lediglich durch die Motto-Zielbildung in Handlung übergehen können. Und zum Thema «Loben» hast du mir ein gutes Stichwort gegeben, das ist gleich als Nächstes dran. Dein Mann macht das wirklich gut, und ich finde das überhaupt nicht kindisch, auch Erwachsene freuen sich über ehrliches Lob. Hat denn sonst noch jemand etwas Ähnliches erlebt wie Brigitte mit ihrer Anmeldung zum Englischkurs, also gestern Abend oder heute Vormittag zielrealisierend gehandelt?

Evelyne erzählte von dem Erlebnis mit ihrer Mutter und war sehr stolz, als die Kursleiterin ihr Verhalten lobte.

«Und wenn deine Mutter Schwierigkeiten mit deinem neuen Verhalten hat, dann kann sie ja auch ein Seminar besuchen, damit sie die Wolfs-Evelyne künftig besser ertragen kann», zwinkerte René ihr zu.

Bemerken, Loben und Belohnen

Brigitte hat das Loben erwähnt und wie gut es ihr tat, gelobt zu werden. Lob ist für unser Gehirn und das Lernen von neuen Verhaltensweisen sehr wichtig. Der Mensch ist in der Lage, auf zwei Arten zu lernen: Entweder durch Misserfolg, dann versucht er künftig, dieses Verhalten zu vermeiden, oder durch Erfolg, dann wird er versuchen, dieses Verhalten möglichst oft auszuführen. Wird das erfolgreiche Handeln erkannt und gelobt, so schüttet das Gehirn Glückshormone aus, die einerseits für ein gutes Gefühl sorgen und andererseits die neue Haltung und das entsprechende neuronale Netz stärken. Dabei spielt es keine Rolle, ob uns das Verhalten leichtgefallen ist oder ob es eine Herausforderung war. Wichtig ist nur, dass wir unser zielrealisierendes Verhalten erkennen und uns dafür loben. Menschen neigen dazu, leicht gefallenes Verhalten herunterzuspielen, zu sich selbst zu sagen: «Ach was, das war doch nichts, das kann ja jeder.» Aber genau diese kleinen Veränderungen und dass wir sie bemerken und uns dafür loben – und mag die Veränderung noch so klein sein – sind für das Lernen enorm wichtig. Jeder von euch wird in den nächsten Tagen und Wochen automatisch solche einfachen Situationen erleben, in denen ihr eurem Motto-Ziel gemäß neu handeln werdet.

Wenn der Verstand und das Unbewusste zusammen an einem Strang ziehen und mit dem Vorhaben einverstanden sind – was durch das Motto-Ziel bei jedem von euch der Fall ist –, dann tritt der Effekt der «Zielabschirmung» ein. Das ist ein Begriff aus der Psychologie und bedeutet, dass das Gehirn in einen anderen Informationsmodus schaltet. Alles in eurer Umgebung, das zielförderlich ist, wird hervorgehoben, und alles, was euch von eurem Ziel abhalten könnte, wird ausgeblendet. Das macht das Unbewusste ganz von selbst, ganz automatisch. Damit das Unbewusste aber weiß, dass es gut gearbeitet hat, ist es wichtig, es zu loben und dadurch mit Glückshormonen zu belohnen.

Ich gebe euch für das Thema «Zielabschirmung» ein Beispiel von einem Phänomen, das vielleicht einige von euch kennen. Will man ein neues Auto kaufen, dann gibt es meist die Phase der Informationsbeschaffung und des Abwägens. Ihr guckt euch verschiedene Marken an, informiert euch über Preis, Leistung und Zuverlässigkeit der unterschiedlichen Modelle und entscheidet euch dann nach einiger Zeit für ein bestimmtes Auto. Ab dem Moment begegnet euch überall auf den Straßen «euer» Auto, für das ihr euch entschieden habt. Etwas Ähnliches wird oft bei jungen Paaren beobachtet, wenn sie sich entschlossen haben, ein Kind zu bekommen. Plötzlich sehen sie überall nur noch Schwangere, Babys und Kinderwagen. Oder wenn ihr euch für euer nächstes Urlaubsziel entschlossen habt, beispielsweise Kuba, trefft ihr ab diesem Moment plötzlich viele Menschen, die schon in Kuba waren, seht Plakatwerbung für Urlaub in Kuba, und es kommt euch vor, als ob im Fernsehen täglich Reiseberichte über Kuba ausgestrahlt würden. Psychologisch gesehen handelt es sich um ebendiese Zielabschirmung vom Unbewussten: Zielförderliches wird betont, Zielabbringendes wird ausgeblendet.

Achtet also bitte in den nächsten Tagen und Wochen darauf, ob es euch gelungen ist, zielrealisierend zu handeln, und lobt euch dann dafür. Wie ihr das macht, ob durch Schulterklopfen, eine Tasse Kaffee oder ein schönes Abendessen, das bleibt euch überlassen. Hauptsache, ihr erkennt euern Erfolg und lobt euch dafür. Denn ihr könnt euch nicht darauf verlassen, dass eine andere Person da ist und euch lobt. So etwas steht nicht unter eurer Kontrolle. Je öfter das Gehirn feststellt, dass es etwas richtig gemacht hat und damit Erfolg hatte, umso öfter wird es dieses Verhalten bei ähnlichen Situationen oder Erlebnissen wieder einsetzen.

«Das ist die Idee», platzte Wolfgang in die Runde, «für jeden gelungenen Grunzer, ich meine natürlich schweinderlfreundliche Kritik, schmeiße ich einen Fünfer in mein Sparschwein, und wenn ich genug zusammenhab, gibt's am Freitag nach Geschäftsschluss einen Grillnachmittag. So kann ich meiner Herde auch wieder was Gutes tun, super, das gefällt mir riesig.»

«Das ist klasse, Wolfgang», schloss sich Brigitte an. «Nur werde ich das Geld in einer Tennisballkasse sammeln, und statt Grillnachmittag gibt's für mich dann eine Massage. Nach einem anstrengenden Spiel kriegt der Spieler ja auch immer eine Massage, und ich liebe das, da kann ich mich total entspannen. Ich hatte nur nie einen triftigen Grund dafür, und als sparsame Schwäbin brauche ich den einfach. Aber um meinem Gehirn beim Lernen zu helfen, tue ich das natürlich gern.»

«An Einfällen für Belohnungen mangelt's mir nicht», stellte Jasmin fest. «Ich muss nur noch festlegen, ab wie vielen Masterstunden ich mich belohne. Schon nach drei Stunden oder erst nach sechs oder besser pro Kapitel? Ich glaube, das muss ich erst mal beobachten, aber wie ich mich kenne, belohne ich mich ganz automatisch, spätestens bei der wöchentlichen Beachparty am Freitag.»

Ihr seid wirklich sehr kreativ im Erfinden von Belohnungen und Belobigungen, sehr schön, genau so funktioniert das. Am besten verbindet ihr die Belohnung mit eurem Motto-Ziel, dann habt ihr einen doppelten Effekt. Wenn hierzu keine Fragen mehr sind, dann machen wir jetzt Kaffeepause, bevor wir zum letzten Teil des Seminars kommen. Für diejenigen, die ihr Wichtelgeschenk noch nicht platziert haben, ist dazu jetzt noch Zeit.

Oh, zum Glück sagt sie das, erschrak Evelyne. Das hätte ich ja ganz vergessen. Wolfgang, wo ist Wolfgang? Er scheint nicht im Raum zu sein, wahrscheinlich ist er auf Toilette oder schon in der Cafeteria. Auch egal, wo er ist, Hauptsache, er ist nicht da und sieht mich nicht. Dann schleich ich mich auf dem Weg nach draußen einfach an seinem Stuhl vorbei und leg ihm die Kaffeerahmdosen drauf. Ich bin ja mal gespannt, wann ich mein Geschenk bekommen werde und was sich mein Wichtel hat einfallen lassen. So, nun aber ab in die Pause, ich brauch noch eine gute Idee, wie ich mich belohnen kann.

«Darf ich mich zu euch gesellen?» Mit dem Kaffee in der Hand ging Evelyne zu René und Martin. «Könntet ihr zwei mir vielleicht einen Ideenkorb geben, wie ich mich loben könnte? Mir will so gar nichts einfallen, und die Kursleiterin hat ja mal gesagt, dass wir die Gehirne anderer nutzen sollen, wenn uns selber nichts einfallen will. Habt ihr Lust, mir ein paar Ideen zu spenden, oder stör ich euch gerade?» Martin lächelte Evelyne an. «Den gleichen Gedanken hatte ich auch, ich bin schon wieder in leichte Panik geraten, weil ich keine Belohnungsidee für mich hatte. Aber dann sagte ich mir, stopp, Martin, die Gehirne anderer nutzen! Und als ich unseren kreativen René allein am Tisch sitzen sah, dachte ich, das ist doch die Gelegenheit.»

«Dann lob ich euch jetzt erst mal schön brav für eure Initiative, wie's aussieht, haben da der Wolf und der Indianer gute Arbeit geleistet.» René klopfte beiden auf die Schulter. «Ich gebe euch gern ein paar Ideen, da ich meine Belohnung gleich vor Augen hatte. Kennt ihr diese Speckmäuse, diese Marshmallows in Mäuseform? Da ich ein großes Schleckermaul bin und immer etwas Süßes griffbereit habe, dachte ich mir, ich kaufe mir eine Großpackung dieser süßen Mäuse und belohne meine Eule damit.

So, nun aber zu euch, Ladies first. Evelyne, ich zähl jetzt mal alles auf, was mir spontan in den Sinn kommt, und du suchst dir dann deine Lieblingsidee aus oder holst dir noch bei einer anderen Person weitere Ideen. Also, du könntest dir nach jeder erledigten Aufgabe eine kleine Pause gönnen. Für jede Fährte, an der du mit deiner Wolfsnase geblieben bist, könntest du in deinem iPhone Lamas sammeln. Und nach zehn erlegten Lamas kriegt dein Wolf ein neues Prime.» René drehte sich zu Martin. «Bei dir fällt mir spontan das Sammeln von Federn ein. Im Bastelgeschäft gibt's doch so bunte Federn in verschiedenen Größen. Du könntest als Belohnung für jeden Besuch im Fitnesscenter eine Feder an deinen Traumfänger hängen, so hast du deine Erfolge immer vor Augen. Nach einem Fitnessbesuch könntest du dich mit einem speziellen Getränk, zum Beispiel mit dem Energydrink Big Puma, belohnen.»

«Und nach fünf Fitnesscenterbesuchen gehst du mit deiner Frau zum Mexikaner essen», warf Evelyne Martin in den Korb. «So, Jungs, die Pause ist vorbei, ab in die letzte Runde!»

Och, jetzt hatte ich mich so auf mein Wichtelgeschenk gefreut, und nichts liegt auf meinem Stuhl, schade. Evelyne blickte enttäuscht auf ihren Platz. Aber zum Glück ist Wolfgang noch nicht da, ich möchte unbedingt sehen, wie er auf die Schweinderl reagiert und ob er sich freut. Da kommt er ja schon, jetzt bloß nicht zu auffällig schauen, sonst merkt er noch, dass ich sein Wichtel war. Das ist schon lustig, ich fühl mich gerade irgendwie so kribbelig, so aufgeregt und neugierig, ein schönes Gefühl. Das ist schon eine tolle Idee, dieses Wichteln, das könnte ich in unserer Familie ja auch einführen, zur Verschönerung der Adventszeit.

«Ja, was sind denn das für herzige Schweinderl, die sich's da auf meinem Stuhl bequem gemacht haben», freute sich Wolfgang sichtbar über sein Wichtelgeschenk. «Das ist ja ein richtig süßer, kleiner Saustall. Und jedes anders, jedes goldig und süß! Ein großes Dankeschön an meinen Wichtel, wer auch immer es war. Das Geschenk gefällt mir sehr, jetzt kann ich meinen Kaffee mit Schweinderlmilch trinken und die Kaffeerahmdeckel werd ich an verschiedenen Orten in meinem Büro platzieren.»

Wenn-dann-Plan

Nun kommen wir zum Thema «Automatismen». Es geht um alte, ungeliebte Verhaltensweisen, die bei Stress oder ähnlichen Situationen oft wie von selbst ablaufen, weil das Gehirn sich diese über Jahre angeeignet hat und dieses alte Verhalten sicher und zuverlässig aktiviert werden kann. Oftmals habt ihr kein alternatives Verhalten zur Hand. Nun habt ihr euch ja mit eurem Motto-Ziel eine schöne neue Alternative dafür gebaut. Bis dieses neue neuronale Netz jedoch so stark ist, dass es von selbst anspringt und sich gegen die alten Automatismen durchsetzen kann, vergehen, wie schon gesagt, ungefähr sechs Monate. Voraussetzung hierfür ist allerdings, dass ihr das gewünschte Netz mit der Priming-Technik schön beim Wachsen unterstützt.

Für den Umgang mit alten Automatismen haben wir im Zürcher Ressourcen Modell eine sehr elegante Methode, mit der ihr das automatische Anspringen ab sofort verhindern könnt. Diese Methode ist gleichzeitig der letzte Arbeitsschritt des Seminars. Es handelt sich um die Wenn-dann-Pläne. Peter Gollwitzer hat in vielen Studien die Wirksamkeit der Wenn-dann-Pläne nachgewiesen und dass man mit einem solchen Plan einen Sofortautomatismus für ein neues Verhalten erstellen kann. Als erstes berichte ich euch wieder von einer Studie (Oettingen, Hönig & Gollwitzer, 2000), damit ihr einen Eindruck von dieser Methode bekommt.

Gollwitzer und seine Studierenden wollten zeigen, dass Wenn-dann-Pläne auch dabei helfen können, unangenehme Pflichten leichter zu erledigen. Ihre Versuchspersonen waren Psychologiestudierende. Darum überlegten sie sich: Was ist wohl eine richtig unangenehme Aufgabe für jemanden, der Psychologie studiert?

Die Antwort ist ganz einfach: Alles, was mit Zahlen zu tun hat, ist für den typischen Psychologiestudierenden ein Gräuel. Er möchte lieber mit Menschen sprechen, als sich mit trockenen Zahlen und Statistikberechnungen zu befassen. So etwas ödet ihn an. Deshalb nahm man als unangenehme Pflicht, Mathematikaufgaben zu lösen.

Die Teilnehmenden erhielten an einem Montag eine Diskette, mit der Anweisung, am Mittwoch um 16 Uhr so viele mathematische Aufgaben wie möglich zu lösen. Es wurden zwei Gruppen gebildet. Die eine Gruppe erhielt die Diskette und musste folgenden Satz aufschreiben: Am Mittwoch um 16 Uhr löse ich so viele mathematische Aufgaben wie möglich. Die andere Gruppe erhielt die Diskette und musste diesen Satz aufschreiben: *Wenn* es Mittwoch um 16 Uhr ist, *dann* löse ich so viele mathematische Aufgaben wie möglich. Am Freitag mussten alle Studierenden die Diskette mit den gelösten Aufgaben wieder abgeben. Was sie nicht wussten, war, dass in der Diskette ein Zeitchip eingearbeitet war, der es den Forschern ermöglichte festzustellen, wann genau sich die Studierenden an das Lösen der Aufgaben gesetzt hatten. Die Abweichung dieses tatsächlichen Zeitpunkts von der vorgegebenen Zeit wurde berechnet, und so konnte für die beiden Gruppen ein Mittelwert der Abweichung vom vorgegebenen Zeitpunkt 16 Uhr festgestellt werden. In der ersten Gruppe betrug diese durchschnittliche Abweichung 480 Minuten, also volle acht Stunden. Bei der Gruppe mit dem Wenn-dann-Plan war die Abweichung gerade mal 102 Minuten, also nur eine Stunde und zweiundvierzig Minuten. Der einzige Unterschied zwischen diesen beiden Gruppen bestand darin, dass die eine einen Wenn-dann-Plan aufgeschrieben und die andere ihre Absicht ohne Wenn-dann-Plan formuliert hatte.

Ähnliche Studien wurden in den verschiedensten Bereichen gemacht (Überblick bei Faude-Koivisto & Gollwitzer, 2010). Beispielsweise haben Ärzte oft mit dem Problem zu kämpfen, dass chronisch kranke Menschen vergessen, täglich ihre Tabletten einzunehmen. Mit einem Wenn-dann-Plan wie *Wenn es 18 Uhr ist, dann nehme ich meine Tabletten ein* konnte die tatsächliche Einnahme enorm gesteigert werden, die Patienten vergaßen ihre Medikamente kaum mehr. Ein anderes Beispiel stellen die täglichen Mobilisationsübungen nach Hüftgelenksoperationen dar. Da diese Übungen nicht gerade angenehm sind, haben Ärzte und Physiotherapeuten regelmäßig damit zu tun, dass die Patienten die Übungen einfach nicht machen. Mit einem Wenn-dann-Plan wie beispielsweise *Wenn ich morgens aufstehe, dann mache ich meine Mobilisationsübungen* konnte auch diese tägliche Durchführung um ein Vielfaches gesteigert werden.

Die einfache Formulierung *Wenn X passiert, dann mache ich Y* greift direkt auf die Ebene der unbewussten Automatismen zu. Ihr verbindet mit einem Wenn-dann-Plan eine Situation, die euch von eurem Ziel abbringen kann, direkt mit einer zielrealisierenden Handlung. Die einzige Bedingung für das Funktionieren ist, dass man sich den Wenn-dann-Plan einmal aufschreiben muss. Das *Wenn* ist euer Hindernis, das euch in die Quere kommen kann,

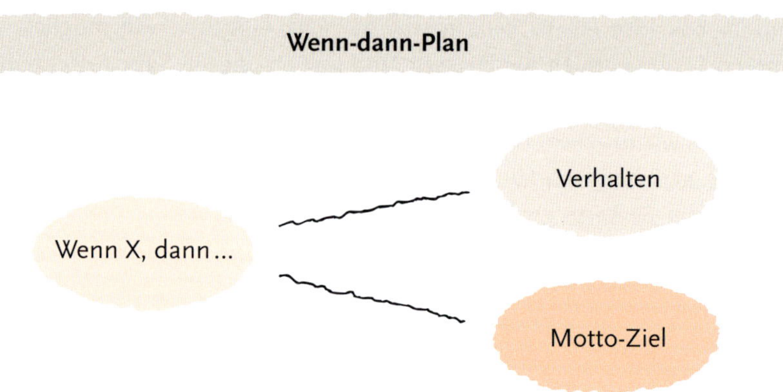

und wenn ihr mehrere Hindernisse identifiziert, dann müsst ihr für jedes einen eigenen Wenn-dann-Plan machen. Bei der Dann-Formulierung habt ihr zwei Möglichkeiten: Entweder ihr wählt ein bestimmtes Verhalten aus, das direkt zu einer gewünschten Handlung führt, wie zum Beispiel *Wenn ich nervös werde, dann atme ich dreimal tief durch*, oder ihr aktiviert euer Motto-Ziel und habt dann eine ganze Palette von Reaktionsmöglichkeiten zur Verfügung. Der Plan könnte dann heißen: *Wenn ich nervös werde, dann nehme ich mir meine lila Zeit.*

Diese einfache, aber sehr wirkungsvolle Technik werden wir uns nun zunutze machen. Überlegt euch jetzt bitte, was eure inneren und äußeren Hindernisse sind, was euch also jetzt noch davon abhalten könnte, euer Vorhaben umzusetzen, und tragt dies im nächsten Arbeitsblatt ein. Ein inneres Hindernis ist alles in mir selbst, wie zum Beispiel Brigittes Erschöpfung oder Wolfgangs Angst, böse zu sein. Äußere Hindernisse sind in meiner Umgebung, wie bei Jasmin eine SMS von Freunden oder bei Evelyne zu viele Aufgaben auf einmal.

Das klingt ja fast zu einfach, um wahr zu sein, dachte Evelyne, aber wenn es wirklich klappt, wäre das natürlich super. Jetzt muss ich nur noch rausfinden, was für mich ein Hindernis sein kann, wann ich anfange, die Kontrolle über meinen Tagesplan zu verlieren. Inneres Merkmal, ein Gefühl, hmmm, Hektik? Nein, die spüre ich ja erst, wenn ich unruhig bin und mir heiß wird. Unruhe? Nein, da geht es noch, die stellt sich schnell ein, außer Kontrolle ist da noch nichts, manchmal hält die mich ja auch in Schwung.

Eher später, wenn mir die Luft ausgeht, wenn ich merke, dass ich keine Chance mehr habe, alles zu schaffen. Wenn mich der Mut verlässt, aber ist es dann nicht schon zu spät? Müsste ich nicht schon früher ansetzen, bevor ich mutlos werde? Heute Morgen hatte ich doch die Erkenntnis, dass mich das ständige Wiederanfangen so auslaugt. Ich müsste also schon früher einschreiten. Wenn ich merke, dass ich vom Kurs abkomme, nein besser, von der Fährte abkomme, dann aktiviere ich meinen Wolf, damit er mich wieder auf die richtige Spur bringt. Wenn ich da nicht unterbreche, dann kann ich drauf warten, dass ich das Gefühl bekomme, nichts mehr zu schaffen. Dann kommt der Frust und kurz danach das Ohnmachtsgefühl. Aber wie merke ich, dass ich meine Wolfsnase nicht mehr an der Fährte habe, was ist das für ein Gefühl? Ich werde unruhig, mir wird warm, mein Puls geht schneller, ich fühle mich gehetzt. Ja genau, wenn ich mich gehetzt fühle, dann müsste ich meinen Wolf aktivieren, der mich wieder auf die Spur führt und mir meine Ruhe zurückbringt. Dann ist noch Zeit, alles neu zu sortieren oder eben einfach nur durchzuatmen und die Fährte wieder aufzunehmen.

Martin meldete sich zu Wort: «Also, ich hänge bei dieser Aufgabe und brauche eure Hilfe. Als ich vorhin mit Evelyne beim Kaffee saß, haben wir über mein Hindernis gesprochen, und beim Erzählen habe ich erkannt, dass ein Hindernis meine Frau, das heißt, genau genommen, der Blick meiner Frau ist. Versteht mich jetzt nicht falsch, natürlich hält mich meine Frau nicht bewusst zurück. Ich bin ja schließlich derjenige, der zum Sport gehen will und es nicht tut. Nicht, dass ich die Schuld an meiner Inkonsequenz ihr in die Schuhe schieben will, aber sie würde am liebsten alles mit mir gemeinsam machen, alles außer Sport. Und wenn ich dann losgehen will, schaut sie mich mit so einem Rehblick an, also, ich spüre da eben einen leichten Vorwurf drin, so als würde ich sie jetzt zurücklassen und mich alleine vergnügen. Das macht mir dann ein schlechtes Gewissen. Und um diese Situation zu vermeiden, bin ich eben gar nicht erst gegangen, beziehungsweise nur dann, wenn sie auch etwas vorhatte. Aber das ist leider nicht so oft der Fall, wie ich gern trainieren würde.»

«Also, das gäb's bei mir nicht», polterte Wolfgang los, «das hat meine Schwiegermutter früher bei mir versucht, da bin ich völlig immun gegen. Bei uns sagt jeder klar und deutlich, was er will, und sonst hat er Pech gehabt, und bloß gucken und Gedanken raten geht schon mal gar nicht.»

«Na, Wolfgang, wenn du ein kleines bisschen aufmerksamer wärst, hätte deine Frau dir nicht die Pistole auf die Brust setzen müssen», konterte Evelyne. «Ich kenn das nur zu gut von meinem Mann. Der wundert sich auch immer darüber, dass mich manche Dinge bei ihm so auf die Palme bringen, aber auf normale Hinweise, was ich mir von ihm wünschen würde, reagiert er nicht. Ein bisschen mehr Aufmerksamkeit würde ich schon von ihm erwarten, und deiner Frau geht's sicher auch so.»

«Jaja, da hast du vielleicht recht, und ich arbeite ja auch daran», gab Wolfgang etwas kleinlaut zu, «und wenn das mit dem freundlichen Kritisieren klappt, dann werde ich mir mit Martins Hilfe ein neues Motto-Ziel ausdenken, um aufmerksamer zu werden. Der ist ja wirklich ein Profi da drin. Aber gegen den Blick muss er etwas unternehmen, das kann ja nicht sein, dass ihn seine Frau anguckt und er lässt die Sporttasche fallen. Ignoriere den Blick doch einfach, geht das denn? *Wenn mich meine Frau so anguckt, dann ignoriere ich den Rehblick*. Oder muss das was Aktives sein?»

Das ist eine gute Frage, Wolfgang, in der Tat gibt es Untersuchungen von Professor Gollwitzer (Gollwitzer & Schaal, 1998) zum Thema Störquellen ignorieren, und tatsächlich: Auch das funktioniert wunderbar. Allerdings muss Martin selbst entscheiden, ob er den Blick seiner Frau ignorieren will.

«Da habe ich ja in ein richtiges Wespennest gestochen», lachte Martin, «offensichtlich ist das Thema ja auch für andere Anwesende heiß. Aber was Wolfgang sagt, stimmt ja schon ein bisschen. Ich bin wirklich sehr sensibel, was Stimmungen angeht, vielleicht kann ich da ja noch so einiges von dir lernen, du alter Dickhäuter. Aber Scherz beiseite, im ersten Moment klingt das sehr hart für mich, den Blick meiner Frau, also eigentlich dann ja meine Frau, einfach zu ignorieren, auch wenn es hilfreich sein könnte. Aber ich glaube, einen Versuch ist es wert, ich formuliere mir also den Satz mit dem Ignorieren. Allerdings möchte ich gern noch einen zweiten Wenn-dann-Plan zu diesem Thema verfassen, das geht doch, oder?»

Natürlich kannst du noch einen zweiten Wenn-dann-Plan formulieren. Wie viele Wenn-dann-Pläne man auf einmal aufschreiben darf, dazu gibt es keine Studien. Jedoch rate ich euch aus meiner Erfahrung, erst einmal mit drei zu beginnen. Und wenn diese gut funktionieren, dann könnt ihr weitere formulieren.

«Gut, wisst ihr, vielleicht ist es wirklich an der Zeit, dass ich zu Hause einige Dinge ins Rollen bringe. Aber nicht um jeden Preis, deshalb würde ich gern eine Sicherung einbauen, sonst schaffe ich das nicht ein einziges Mal: Wenn ich merke, dass meine Frau damit Mühe hat, dann spreche ich das Thema an. So habe ich für mich nicht das Gefühl, ein Holzklotz zu sein. Wolfgang, entschuldige den Ausdruck, aber ich würde mich dann so fühlen. Also damit hätte ich gestern wirklich nicht gerechnet, ich komme hierher, um ein bisschen öfter ins Fitnessstudio zu gehen, und jetzt denke ich hier laut und in aller Öffentlichkeit über meine Ehe nach und fühle mich auch noch wohl dabei.»

Das mit dem Ignorieren gefällt mir, dachte Evelyne, das werde ich bei meinem Wenn-dann-Plan für den Umgang mit Ablenkungen anwenden. Dieses Seminar wird immer besser. Das war ja bisher schon alles ganz toll, aber diese Wenn-dann-Pläne sind für mich das i-Tüpfelchen, das mir noch gefehlt hat.

«Also, ich würde gern mein Motto-Ziel in der Dann-Version formulieren», meldete sich Brigitte zu Wort, «und ich würde das gleich noch mit einer körperlichen Bewegung verbinden. Wenn ich müde bin und mir mein Motto-Ziel in den Sinn kommt, habe ich direkt Lust, aktiv einen Aufschlag zu machen, auch ohne Schläger – einfach den Arm heben und durchziehen. Das aktiviert mich körperlich. So ähnlich wie eine Gymnastikübung, so kommt wieder Leben in mich. Wisst ihr, wie ich das meine? Das geht natürlich nur zu Hause, im Büro würden die mich für verrückt erklären, wenn ich Luftaufschläge durchführen würde. Für das Büro müsste ich mir etwas Unauffälliges ausdenken. Geht das denn auch für einen Wenn-dann-Plan?»

Das eignet sich sogar ausgezeichnet, das ist eine sehr schöne Idee, Brigitte. Wer mit seinem Wenn-dann-Plan eine körperliche Handlung auslöst, kann auf diese Art doppelt sein neues neuronales Netz aktivieren.

Es gibt drei Dinge, die Menschen bei der Methode mit den Wenn-dann-Plänen falsch machen können. Diese drei Fehler habe ich euch hier auf dem Flipchart notiert, ich werde sie einen nach dem anderen besprechen und erklären, was zu tun ist.

Fehler beim Wenn-dann-Plan

1. nicht aufschreiben
2. *dann* vergessen
3. das Wenn und das Dann passen nicht zusammen

Der erste Fehler, den Menschen bei der Methode der Wenn-dann-Pläne machen, besteht darin, dass sie diesen nicht aufschreiben. Damit ein Wenn-dann-Plan wirksam werden kann, muss er einmal aufgeschrieben werden. Ihr müsst ihn danach nicht aufbewahren, es geht nur um die Aktion des Schreibens.

Der zweite Fehler ist, bei der Formulierung «Dann» zu vergessen. In unseren Kursen weisen wir immer wieder darauf hin, dass dieser Fehler oft vorkommt, dennoch gibt es immer zwei, drei Personen, die das Dann vergessen. Wird es unterschlagen, funktioniert der ganze Wenn-dann-Plan nicht. Achtet also bitte darauf!

Der dritte Fehler ist, dass das Wenn und das Dann nicht zusammenpassen. Der Wenn-dann-Plan funktioniert zwar, aber ihr bemerkt beim Auslösen des Planes, dass das formulierte Dann nicht die erwünschte Wirkung bringt. Hierzu möchte ich euch ein persönliches Beispiel erzählen. Ich leide unter Flugangst. Sobald ich in einem Flugzeug sitze und ganz besonders beim Start und bei der Landung, fange ich an zu heulen und kann nichts dagegen machen. In meiner Tätigkeit als Trainerin bin ich aber häufig mit dem Flugzeug unterwegs. Viele Menschen haben auf mich eingeredet, dass doch das Fliegen das sicherste Verkehrsmittel überhaupt sei und ich doch keine Angst zu haben bräuchte. Auch erhielt ich diesbezüglich schon einige Tipps: Denke an etwas Schönes, lies ein Buch oder atme langsam ein und aus. Weder das Wissen von der Sicherheit des Fliegens noch die vielen Tipps haben mir geholfen. Ich saß da und weinte. Ich las von einer Studie von GOLLWITZER, in der er mittels Wenn-dann-Plan Spinnenphobien behandelte (GALLO et al., 2009), und dachte mir, was bei Spinnen funktioniert, klappt vielleicht auch bei meiner Flugangst. Also schrieb ich den folgenden Wenn-dann-Plan auf: *Wenn ich meine Flugangst spüre, dann denke ich an meinen Hund.* Ich wollte mich damit an unsere Spaziergänge im Wald erinnern, bei denen ich mich ruhig und wohl fühle. Beim nächsten Flug saß ich in meinem Sitz, die Tränen kullerten, und gleichzeitig sah ich Bilder von meinem Hund vor meinem inneren Auge. Der Wenn-dann-Plan hatte zwar funktioniert, jedoch nicht die erwünschte Wirkung erbracht. Die Bilder von meinem Hund konnten mich nicht beruhigen. Daraufhin formulierte ich einen zweiten Wenn-dann-Plan: *Wenn ich meine Flugangst spüre, dann bleibe ich ruhig und atme tief durch.* Damit erzielte ich die erwünschte Wirkung, und ich habe seitdem bei keinem Flug mehr geweint. Fliegen wird auch mit Wenn-dann-Plan nie zu einer Leidenschaft für mich werden, aber ich habe die Situation damit gut im Griff. Wenn ihr also merkt, dass das Dann nicht zum Wenn passt, dann formuliert ihr einfach einen neuen Wenn-dann-Plan.

Mit Blick auf diese drei möglichen Fehler und mit besonderem Hinweis auf den zweiten Fehler möchte ich euch bitten, das folgende Arbeitsblatt auszufüllen. Schreibt bitte zwei Wenn-dann-Pläne auf. Einen für ein inneres und einen für ein äußeres Hindernis.

Wenn-dann-Pläne

Evelyne

Mein inneres Hindernis:
gehetzt fühlen

Wenn ich mich gehetzt fühle,
dann aktiviere ich meinen Wolf.

Mein äußeres Hindernis:
Ablenkungen

Wenn mich etwas ablenkt,
dann ignoriere ich dies und
verfolge meine Spur.

Wenn …

dann …

Jasmin

Mein inneres Hindernis:
keine Lust

Wenn ich keine Lust habe,
dann fange ich einfach an
zu schreiben.

Mein äußeres Hindernis:
SMS

Wenn ich mich an die Arbeit
setze, dann schalte ich mein
Handy auf Flugmodus.

Wenn …

dann …

Wenn-dann-Pläne

Brigitte

Mein inneres Hindernis:
Müdigkeit

Wenn ich mich zu müde zum Lernen fühle, dann mache ich meine Aufschlagbewegung und trinke ein isotonisches Getränk.

Mein äußeres Hindernis:
keine Zeit

Wenn ich keine Zeit zum Lernen habe, dann suche ich mir drei Lernzeitinseln in meinem Terminkalender und reserviere diese mit gelber Farbe.

René

Mein inneres Hindernis:
keinen Bock

Wenn ich keinen Bock auf Buchhaltung habe, dann esse ich eine Maus und setz mich trotzdem dran.

Mein äußeres Hindernis:
Zu viele andere interessantere Aufgaben

Wenn ich morgens ins Geschäft komme, dann fange ich zuerst 30 Minuten lang Mäuse.

Wenn-dann-Pläne

Martin

Mein inneres Hindernis:
Gefühl, dass meine Frau leidet

Wenn ich das Gefühl habe, dass meine Frau leidet, dann spreche ich das Thema an.

Mein äußeres Hindernis:
Rehaugen

Wenn mich meine Frau mit Rehaugen anschaut, dann ignoriere ich das und gehe zum Sport.

Wolfgang

Mein inneres Hindernis:
Angst, böse zu sein

Wenn ich Angst habe, zu böse zu sein, dann denke ich an meine Verantwortung als Schweinestallhirte.

Mein äußeres Hindernis:
Schlechte Arbeit

Wenn ich sehe, dass ein Mitarbeiter schlecht arbeitet, dann gehe ich zu ihm und grunze hörbar.

Meine Wenn-dann-Pläne

Arbeitsblatt

1. Mein inneres Hindernis:

....

- Mein dazu passender Wenn-dann-Plan:

....

....

....

....

2. Mein äußeres Hindernis:

....

- Mein dazu passender Wenn-dann-Plan:

....

....

....

....

Wir sind nun am Ende des Seminars angekommen, ich hoffe, es hat euch gefallen. Ich bin mir sicher, dass sich euer Umgang mit eurer unangenehmen Pflicht verändern und verbessern wird. Ist das Unbewusste bei einem Vorhaben mit von der Partie, so setzt dieses in euch automatisch Ressourcen frei, von denen ihr bisher nichts geahnt habt. Durch euer Motto-Ziel seid ihr nun mithilfe des Unbewussten in der Lage, in das von euch benötigte System zu wechseln, um so in der richtigen Affektlage eure unangenehme Pflicht anzugehen und durchzuführen.

Falls bei euch in nächster Zeit noch Unklarheiten oder Fragen auftauchen, dürft ihr euch jederzeit gern über Mail mit mir in Verbindung setzen – ihr habt ja meine Mailadresse. Ich empfehle euch auf alle Fälle, dass ihr eure Kontaktdaten untereinander austauscht und euch zu einer Netzwerkgruppe zusammenschließt, in der ihr einerseits eure Erfahrungen austauschen könnt und auf die ihr andererseits zurückgreifen könnt, falls ihr euch einmal ein neues Motto-Ziel zu einem anderen Thema machen wollt. Nächste Woche werde ich euch den letzten Fragebogen zukommen lassen. Ich möchte mich jetzt schon dafür bedanken, dass ihr an dieser Studie teilgenommen habt.

Bevor ihr jedoch alle nach Hause geht, möchte ich euch noch bitten, auch unter eure Stühle zu blicken, ich sehe bei dem einen oder der anderen noch ein unausgepacktes Wichtelgeschenk liegen.

Beim Blick unter ihren Stuhl entdeckte Evelyne ihr Wichtelgeschenk: einen Wolf-Jahreskalender und ein Kochrezept.

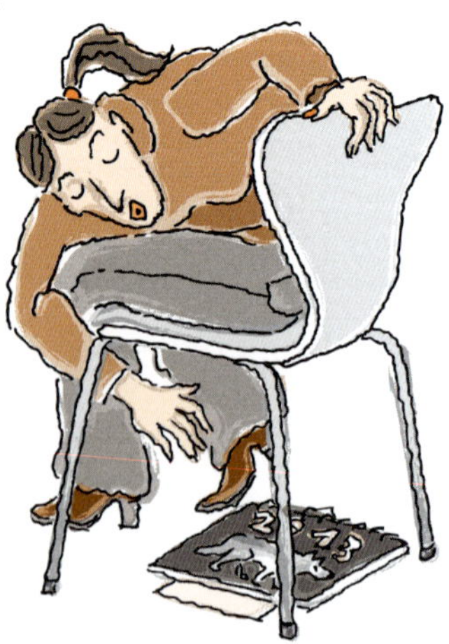

Lahmacun

Türkische Pizza

Zutaten für 6 Portionen:

500 g Mehl
10 g Hefe
1 Ei
125 ml Milch
1 TL Salz
2 TL Zucker
500 g Hackfleisch vom Rind oder Lamm
1 Zwiebel
1 Dose passierte Tomaten
Petersilie
Salz und Pfeffer
Tomatenmark
Pfefferoni

Arbeitszeit: ca. 30 Minuten

Aus Mehl, Hefe, Milch, Ei, Salz und Zucker einen Teig kneten. 20 Minuten ruhen lassen. Inzwischen das Hackfleisch mit den passierten Tomaten vermischen, mit Tomatenmark, Salz, Pfeffer, Pfefferoni und Petersilie nach Geschmack würzen.

Den Teig zu kleinen Kugeln formen, ausrollen und mit der zuvor bereiteten Masse bestreichen. Die Lahmacun nun in der Pfanne mit etwas Öl anbraten und anschließend im Backofen bei 180 Grad (Heissluft) fertig backen.

Die frischen Lahmacun werden eher knusprig, der Teig wird wunderbar weich, wenn man sie beim Abkühlen mit Frischhaltefolie bedeckt.
Wird mit grünem Salat, Tomaten und Gurken belegt und eingerollt.

Wie es weiterging

Evelyne beschloss, sich mit Brigitte regelmäßig zu treffen, und versprach René, ihm sowohl bei der Umgestaltung seines Büros zu helfen als auch bei der Buchhaltung beratend zur Seite zu stehen.

Martin und Wolfgang machten sofort einen festen monatlichen Termin für einen Männerabend aus, an dem sie sich gegenseitig coachen wollten.

Später erfuhr Evelyne von Martin, dass er sich mit Wolfgang zu einem Männer-Outdoor-Wochenende angemeldet hatte mit dem Thema «Wecke das Tier in dir».

Jasmin notierte zwar alle Mailadressen, ließ sich aber auf keine Terminzusage ein, sie wolle erst ihre Masterarbeit zu Ende bringen, bevor sie neue Treffen abmache.

Ocean
Brise

Evelyne hatte sich während der zwei Seminartage eine Wolfliste angelegt, auf der sie festhielt, was sie in den nächsten Wochen anpacken wollte:

- Wohnung verwolfen
- Samstageinkauf an P. zurückdelegieren
- Mit Mutter über uns sprechen
- Tai-Chi-Kurs buchen
- Wenn-dann-Plan aufschreiben bei mehr als fünf Tagesaufgaben

Evelyne arbeitete mit großer Freude ihre To-do-Wolfliste ab und konnte auch bald erste Erfolge verzeichnen.

- Im Internet beschaffte sie sich verschiedene Wolfsbilder, die sie ausdruckte und an allen ablenkungsgefährlichen Stellen in der Wohnung anbrachte oder deponierte.
- Ihr Mann murrte zwar über die neue «alte» Aufgabenverteilung, aber Evelyne konnte dieses Mal laut und hörbar zurückknurren, sodass er sich fügte, wenn auch nicht immer zuverlässig. Den Kindern war's recht, denn wenn der Kühlschrank am Wochenende nichts hergab, war McDonald's angesagt.
- Ihre Mutter war der Meinung, dass Evelyne ihr Mutter-Tochter-Verhältnis überkritisch sehe, schließlich wolle sie ja nur ihr Bestes, versprach aber, sich künftig mit ihren Ratschlägen zurückzuhalten. Es gelang ihr nicht immer, aber Evelyne konnte mit den restlichen Kommentaren viel entspannter umgehen.
- Für den Tai-Chi-Kurs konnte sie Brigitte begeistern, die ihr erzählte, dass sie den Englischkurs jetzt zu Ende machen würde, aber beschlossen hatte, auf die Beförderung zu verzichten und ihre Arbeitszeit auf 80 Prozent zu reduzieren. Ihr Mann hatte sich einen Kompagnon in die Kanzlei genommen, und sie wollten künftig mehr reisen und ihr Leben genießen.
- Ihr Wenn-dann-Plan lautete: *Wenn ich mehr als fünf Aufgaben auf meiner Liste entdecke, dann beginne ich sofort mit der obersten und konzentriere mich auf diese eine.*

Jetzt, da Sie wissen, wie unsere Protagonisten gelernt haben, mit ihren unangenehmen Pflichten umzugehen, können Sie gleich loslegen und Ihr ganz persönliches Motto-Ziel erarbeiten, mit Primes Ihren Arbeitsplatz gestalten und sich ein paar Wenn-dann-Pläne aufschreiben.

Wir wünschen Ihnen viel Spaß und Erfolg im Umgang mit Ihren unangenehmen Pflichten!

Adressen im Internet

Das Zürcher Ressourcen Modell im Netz:
www.ismz.ch und www.zrm.ch

Informationen die PSI-Theorie betreffend:
www.impart.de und www.psi-schweiz.ch

Die Arbeitsblätter im Netz:
www.ismz.ch/Downloads

Literatur

Adam, H. & Galinsky, A. D. (2012). Enclothed cognition. Journal of Experimental Social Psychology, DOI: 10.1016/j.jesp.2012.02.008.

Bucci, W. (2002). The referential process, consciousness, and the sense of self. Psychoanalytical Inquiry, 22 (5), 776–793.

Damasio, A. R. (2011). Selbst ist der Mensch. Körper, Geist und die Entstehung des menschlichen Bewusstseins. München: Sidler.

Damasio, A. R. (2003). Ich fühle, also bin ich. Die Entschlüsselung des Bewusstseins. 4. Auflage, München: List.

Faude-Koivisto, T. & Gollwitzer, P. (2010). Wenn-Dann Pläne: Eine effektive Planungsstrategie aus der Motivationspsychologie. In: Birgmeier, B. (Hrsg.). Coachingwissen. Wiesbaden: VS Verlag für Sozialwissenschaften.

Ferguson, M. & Porter, S. (2009). Goals and (implicit) attitudes: A social-cognitive perspective. In: Moskowitz, G. & Grant, H. (Hrsg.). The Psychology of Goals. New York: Guilford, 447–479.

Gollwitzer, P. & Sheeran, P. (2006). Implementation intentions and goal achievement: A Meta-analyses of effects and processes. Advances in Experimental Psychology, 38, 69–119.

Gollwitzer, P. M., & Schaal, B. (1998). Metacognition in action: The importance of implementation intentions. Personality and Social Psychology Review, 2, 124–136.

Holland, R. W., Hendriks, M. & Aarts, H. (2005). Smells like clean spririt. Nonconscious effects of scent on cognition and behavior. American Psychological Society, 16 (9), 689–693.

Hüther, G. (2001). Bedienungsanleitung für ein menschliches Gehirn. Göttingen: Vandenhoeck & Ruprecht.

Kahneman, D. (2012). Schnelles Denken, langsames Denken. München: Sidler-Verlag.

Kissler, J., Assadollahi, R. & Herbert, C. (2006). Emotional and semantic networks in visual word processing: Insight from ERP studies. In: Anders, S., Ende, G.,

JUNGHOFER, M., KISSLER, J. & WILDGRUBER, D. (Hrsg.). Understanding emotions. Heidelberg: Elsevier, 147–183.

KRAUSE, F. & STORCH, M. (2010). Ressourcen aktivieren mit dem Unbewussten. Manual für die Arbeit mit der ZRM-Bildkartei. Bern: Huber.

KUHL, J. (2001). Motivation und Persönlichkeit. Göttingen: Hogrefe.

LANG, P., BRADLEY, M.M. & CUTHBERT, B. N. (1997). Motivated attention: Affect, activation, and action. In: LANG, P., SIMONS, R. & BALABAN, M. (Hrsg.). Attention and orienting: Sensory and motivational processes. Hillsdale, NJ.: Erlbaum, 35–67.

LEDOUX, J. (2000). Emotion circuits in the brain. Annual Review in Neuroscience, 23, 155–184.

OETTINGEN, G., HÖNIG, G., & GOLLWITZER, P. M. (2000). Effective self-regulation of goal attainment. International Journal of Educational Research, 33, 705–732.

ROTH, G. (2009). Persönlichkeit, Entscheidung und Verhalten. Warum es so schwierig ist, sich und andere zu ändern. Stuttgart: Klett-Cotta.

SCHWEIGER GALLO, I., KEIL, A., MCCULLOCH, K. C., ROCKSTROH, B., & GOLLWITZER, P. M. (2009). Strategic automation of emotion regulation. Journal of Personality and Social Psychology, 96, 11–31.

STAJKOVIC, A., LOCKE, E. A., BLAIR, E. S. (2006). A first examination of the relationship between primed subconscious goals, assigned conscious goals, and task performance. Journal of Applied Psychology, 91 (5), 1172–1180.

STORCH, M. (2010). Machen Sie doch, was Sie wollen! Wie ein Strudelwurm den Weg zu Zufriedenheit und Freiheit zeigt. Bern: Huber.

STORCH, M. (2009). Motto-Ziele, S.M.A.R.T.-Ziele und Motivation. In: BIRGMEIER, B. (Hrsg.) Coachingwissen. Ansätze, Betrachtungen, Konzepte und Entwürfe zur Theorie- und Wissenschaftsorientierung im Coaching. Wiesbaden: VS-Verlag.

STORCH, M. (2008). Rauchpause. Wie das Unbewusste dabei hilft, das Rauchen zu vergessen. Bern: Huber.

STORCH, M. & KUHL, J. (2012). Die Kraft aus dem Selbst. Sieben PsychoGyms für das Unbewusste. Bern: Huber.

STORCH, M. & KRAUSE, F. (2007, 4. Aufl.). Selbstmanagement – ressourcenorientiert. Grundlagen und Trainingsmanual für die Arbeit mit dem Zürcher Ressourcen Modell. Bern: Huber.

STORCH, M. & RIEDENER, A. (2005). Ich pack's! Selbstmanagement für Jugendliche. Ein Trainingsmanual für die Arbeit mit dem Zürcher Ressourcen Modell. Bern: Huber.